宏观环境政策对企业投资决策行为的影响研究

王静娟 李 强◎著

吉林科学技术出版社

图书在版编目（CIP）数据

宏观环境政策对企业投资决策行为的影响研究 ／ 王静娟，李强著． -- 长春：吉林科学技术出版社，2021.6
ISBN 978-7-5578-8144-3

Ⅰ．①宏… Ⅱ．①王… ②李… Ⅲ．①环境政策－影响－企业－投资行为－决策行为－研究－中国 Ⅳ．①F279.23

中国版本图书馆 CIP 数据核字（2021）第 106677 号

宏观环境政策对企业投资决策行为的影响研究
HONGGUAN HUANJING ZHENGCE DUI QIYE TOUZI JUECE XINGWEI DE YINGXIANG YANJIU

著	王静娟 李 强
出 版 人	宛 霞
责 任 编 辑	孟 盟
封 面 设 计	舒小波
制 版	舒小波
幅 面 尺 寸	185 mm×260 mm
开 本	16
印 张	10.75
字 数	240 千字
页 数	172
印 数	1－1500 册
版 次	2021 年 6 月第 1 版
印 次	2022 年 1 月第 2 次印刷

出 版	吉林科学技术出版社
发 行	吉林科学技术出版社
地 址	长春市净月区福祉大路 5788 号
邮 编	130118
发行部电话 / 传真	0431-81629529　81629530　81629531
	81629532　81629533　81629534
储运部电话	0431-86059116
编辑部电话	0431-81629518
印 刷	保定市铭泰达印刷有限公司
书 号	ISBN 978-7-5578-8144-3
定 价	45.00 元

前 言 Preface

　　环境是人类进行生产和生活活动的资源和场所，环境质量对人类的生存的持续发展具有重要的影响。而随着世界人口的增长以及生产的工业化，环境污染日益严重，严重影响了人类的生存和发展。意识到环境污染的严重性，各国政府和组织开始采取措施保护环境，宏观环境政策就是被广泛应用的措施之一。生产厂商作为重要的污染源，宏观环境政策必须对其污染行为进行控制，考虑到厂商的投资行为是其最重要的资源配置行为，因此研究宏观环境政策如何影响厂商的投资对于环境保护具有重要意义。

　　自改革开放以来，我国40余年保持快速发展的经验，揭示着在经济发展过程中必须重视环境保护的铁律。至今，我国中央及地方政府都深入贯彻着可持续发展的理念，为促进区域绿色投资发展付出了巨大的努力和心血。环境政策是地方政府对环境保护重视程度的体现，反映了地方政府的环境治理能力。地方政府通过环境政策对企业投资发展进行干预，已成为当前政府进行环境治理的主要手段。《宏观环境政策对企业投资决策行为的影响研究》的研究基于这样一个以利润最大化为目的的厂商，污染是其生产过程中不可避免地副产品，厂商必须在满足宏观环境政策要求下选择自己的投资决策，从而达到利润最大化。

编者

2021.4

目 录 Contents

第一章　导论

第一节　研究背景

一、环境污染问题

环境是人类进行生产和生活活动的资源和场所，深刻影响着人类的生存和发展，同时每个人都不可避免地生活在一定的环境当中，也时时刻刻对环境产生着影响。良好的生态环境让人身体健康、心情愉悦，恶劣的环境威胁人类生存和可持续发展，而环境的质量与人类的活动息息相关，诸多环境问题恰恰是有人类造成的。

环境污染就是最严重的环境问题之一。环境污染是指人类生产和生活活动产生的废弃物进入生态环境后，对生态系统产生的超出其自净能力的扰乱和侵害。而且环境污染不仅对生态造成直接的破坏，随着污染物的积累、迁移和转化，还会衍生出其他间接的危害，影响人类生存。随着人类生产力的逐步提高和人口数量的增长，环境污染问题也越来越严重。

1. 环境污染问题的发展阶段

在人类历史上，环境污染问题的发展按照人类活动特点可以大致分为三个阶段。

（1）第一阶段：自人类出现到工业革命前。这个阶段相当漫长，其间人类的活动还停留在相对原始的水平，对自然环境的破坏和污染主要体现在不合理的开垦和生活垃圾的丢弃。例如，古代经济发达的美索不达米亚，由于过度的焚烧、开垦，变成了不毛之地；我国西汉和东汉时期也由于开垦无度造成水土流失。但总的说来，在这一阶段人类对环境的影响是有限的和局部的，生态处于平衡状态。

（2）第二阶段：从工业革命开始到南极上空首次发现臭氧空洞。工业革命大大提高了人类的生产力，同时带来了环境的严重污染。自然资源的大量开采和使用，尤其是燃煤、燃油带来了严重的空气污染，工业废水、废渣的排放带来了严重的水污染，甚至在人迹罕至的南极也检测到了污染，再加上战争的破坏，造成了严重的环境污染问题。

（3）第三阶段：全球环境问题。目前，环境污染已成全球问题，人类已面临水污染、酸雨、臭氧层破坏和全球气温升高四大问题，地球生态已经造成严重破坏。同时，随着信息科技的发展，又产生了大量的电子垃圾。这些问题的累积和扩散已经影响到人类的生存和未来的发展。

2. 环境污染问题的发生类型

总的来说，目前人类面临的环境污染问题可以分为以下三类。

（1）水污染，包括化肥、含磷洗衣粉等的大量应用造成的水体富营养化和工业废水、废渣、重金属造成的水体污染，这严重威胁人类的饮水安全。

（2）大气污染，主要是工业废气、汽车尾气等等造成的全球气温升高、臭氧层的破坏和酸雨现象，造成严重的生态问题。

（3）土地污染，工业废渣、重金属、电子垃圾等等的堆放和掩埋造成了土地污染。

我国由于在 20 世纪 70 年代末采取有效的环境保护措施，而主要发展重工业为主的工业化和粗放型经济，现在同样面临这些环境污染问题。根据环境保护部公布的报告显示，全国地表水控监测断面中，劣五类水质比例达 20.8%，西南诸河、海河、长江、黄河等水系共有 40 个断面出现铅、汞等重金属超标现象；海河、淮河、松花江、辽河支流和干流均出现轻度或中度污染；湖泊中，太湖、滇池、洞庭湖水体为重度污染，洪泽湖、巢湖为中度污染；空气污染方面，全国酸雨面积约为 120 万平方公里，约占国土面积的 12.6%；土壤污染方面，企业周边土壤、农田土壤污染较重，主要污染指标为重金属、滴滴涕等。

此外，还出现了许多严重的人为污染事故，如中国石油吉林石化公司爆炸对松花江产生的严重污染，紫金矿业溃坝对饮用水造成的污染，还有重金属污染造成的血铅超标事件等等，治理环境污染问题已到了刻不容缓的地步。

二、环境保护政策

随着环境污染的越来越严重和人类环保意识的增强，人们充分认识到了环境污染的危害性，开始积极采取行动保护环境。目前，各国政府采取的环境政策可以大致分为两类：一类是命令规制政策 CAC（Command and Control），主要是通过政府命令设计统一的标准来达到环境保护和管理的目的；另一类是经济政策 MBIsMBIs（Market-Based Incentives），主要是通过市场机制下的激励手段来引导厂商的污染行为。

1. 命令规制政策

通过政府强制命令对所有污染者制定一刀切的排放标准，不考虑行业差别和接受程度等因素，由污染者独自承担违反标准的处罚，易于理解，操作简单，对于污染相对较少的地区和需要强制执行的污染行业来说，政策效果显著，同时由于制定和实施过程简单，也为政策制定者所青睐。但同时缺点也很明显：无法兼顾具有不同治污成本的污染者，会造成资源浪费；无法发挥市场的导向作用和调动污染者治污积极性；制定恰当的标准具有一定的困难，需要付出监管成本等。

排放标准政策就是命令规制政策的一种，是指政府根据行业和污染者状况，结合环境的自净能力和容量制定规定时间内的排放标准，如果超过标准就面临处罚。排放标准政策在污染者没有治污动力的情况下，发挥政府的强制性来减少污染，达到环境保护的目的。

2. 经济政策

是指市场导向的环境政策，通过经济手段影响污染者的排污行为，充分发挥其主观能动性达到资源优化配置、减少排放、保护环境的目的。政策制定者只需设计好运行机制即可，适用于具有不同污染治理成本的地区和污染者。使用较广的经济政策有排污权交易政策、排污税政策等等。

排污权交易政策产生于美国，最早由美国经济学家戴尔斯于1968年首次提出，并由美国联邦环保局将其运用到实践中来解决二氧化硫的污染问题，实现经济发展与环境保护之间的平衡。所谓排污权交易政策是指在一定区域内，在污染物总量不超过允许排放量的前提下，内部各污染源之间通过货币交易的方式相互调剂排污量，从而达到减少排污量，保护环境的目的。

在此政策下，政府需制定允许的排污总量、排污权的初始分配量和排污权的交易价格，污染者在市场内进行排污权的买卖，当排污权价格高于污染者边际治污成本时，污染者就会倾向于进行污染治理，这样充分调动了其积极性，合理配置了资源。目前，排污权交易已在世界范围内逐步推广实施，已成为重要的环保政策。排污税政策既是环境政策，也属于税收政策，其有广义和狭义之分。广义上的排污税是指政府为强化纳税人环保意识，实现环境保护而征收的一系列税种和税收措施；而狭义上的排污税是指对相应的排污量按一定的税率征税，从而影响污染者的行为。目前排污税主要有三种：一种是对排放污染物直接征收的污染税，如大气污染税、水污染税等，与污染物排放量直接相关；一种是与环境保护相关的产品税，即在产品生产过程会产生污染，从而对产品单位（原材料、半成品或成品）课税；还有一种是为促进环境保护而实施的优惠税收政策，如差别税率等。

我国的环境政策由以下组成：

（1）法律，《宪法》中关于环境保护的规定，环境保护的基本法—《中华人民共和国环境保护法》，以及各环保领域法律如《中华人民共和国水污染防治法》等。

（2）法规，如《中华人民共和国水污染防治法实施细则》、《建设项目环境保护管理条例》等，覆盖所有环保行政领域。

（3）部门规章，如《排放污染物申报登记办法》、《环境标准管理办法》等大量的部门规章。

（4）地方性法规和规章，根据当地实际情况和特定环境问题制定；

（5）环境标准，包括环境质量标准和污染物排放标准，国家或地方政府颁布；

（6）需要遵守的已签署国际公约。此外我国还积极尝试市场化的手段，在全国多个省市开展了排污权交易试点，促进环境保护。

三、厂商投资活动对于环境保护的重要意义

1. 投资活动是厂商最重要的资源配置活动

投资活动具有很宽泛的定义，《简明不列颠百科全书》将投资定义为："投资是指在一定时期内期望在未来能产生收益而将收入变换为资产的过程。"投资是一种经济行为，目的是为了取得更大的收益，从投资对象上来看，可以分为生产性投资、非生产性投资；实务性投资、金融性投资等等。社会上投资主体众多，有个人、厂商、政府、社会组织、专业投资机构等等。

单就生产型厂商来说，投资活动可以分为生产性投资和非生产性投资，由于厂商是追求利润最大化的，而厂商的资本又是稀缺资源，因此如何利用有限的资本产生最大的利润回报是厂商进行投资活动的最终目的，这就意味着厂商会把大量的优质资本投放于最能产生经济利益的地方，而对于只能带来少量经济利益或者不能产生经济利益的活动，厂商只会投入很少或者不投入资本，可见具体的投资活动也成为厂商最重要的资源配置的方式。因此如果要引导或者影响厂商的资源配置行为，首先要引导或者影响其投资活动。

2. 生产型厂商是重要的污染主体

污染源是指造成环境污染的污染物发生源，通常指向环境排放有害物质或对环境产生有害影响的场所、设备、装置或人体。按属性可分为天然污染源和人为污染源。天然污染源如火山喷发等是人类无法控制的，这里只研究人为污染源。人为污染源按照社会功能分类又可以生产污染和生活污染。

据生态环境部数据显示，全国废水治理设施和废水处理能力不断提升。随着环保风向趋严，水环境综合治理需求开始释放，市场上也涌现了一批工业废水处理的领先企业。工业废水具有类型复杂、处理难度大、危害大等特征，主要来源于石化行业、纺织工业、造纸工业、钢铁工业和电镀工业等。2019年我国工业废水总排放量约为252亿吨。

可见，生产型厂商贡献了绝大部分的工业污染，是重要的污染主体，影响生产型厂商的污染行为对于保护环境具有重要的意义。

3. 环境政策的作用在于影响厂商环保投资行为

生产型厂商作为重要的污染主体，对环境造成了破坏，就厂商本身来说，其实是追求利润最大化的，并且有些厂商环保意识薄弱，缺乏追求社会责任的动力，而环境保护是关乎人类生存的大事，因此有必要利用环境政策对厂商的污染行为进行限制。如前文所述，厂商的投资活动是最重要的资源配置活动，因此环境政策应影响厂商增加环保投资以减少污染。

环保投资指社会各投资主体通过各种渠道或以各种形式将资金投入防治环境污染、减少污染排放、降解有害物质、维护生态平衡和环境管理等环境保护领域的行为活动。根据上文分析生产型厂商是重要的污染主体，应该对环境污染负责，而且我国环境保护法中明

确规定，厂商是污染防治的责任人和谁污染谁治理等原则，因此生产型厂商理应成为重要的环保投资主体，而且在我国，生产型厂商自筹的环保投资在工业污染治理投资完成额中的占比目前维持在绝对的高位，是重要的环保力量。

自"水十条"出台以来，我国各涉水企业加快安装废水处理设施。据生态环境部于2020年5月公布的《2019年中国生态环境状况公报》中披露的数据显示，2018年，全国废水治理设施72952套，比2017年增加了3.7%。在废水处理能力方面，2018年，全国废水治理设施处理能力已达22370万吨/日。

可见，中国工业污染的投资治理主体已发生转变，厂商成为环保投资的主体和中坚力量。既然厂商作为污染主体和污染治理投资主体的格局已经明确，而厂商又以追求利润最大化为目标，如不加以限制其不会主动进行污染治理投资，因此研究厂商在面对不同环境政策时会做出什么投资决策行为，也即在追求利润最大化的前提下如何配置有限的资源，是个很重要的课题。从宏观方面讲，有利于政府根据厂商行为制定合理的环境政策从而更好地进行环境保护；从微观方面讲，可以为厂商如何进行污染治理投资才能达到利润最大化提供指导。

第二节　研究综述

一、环境规制制度变迁

20世纪80年代以前，我国基本遵循粗放型发展模式，环保制度匮乏，随着工业经济逐步发展，环境污染问题开始凸显，引起政府重视，早期的环境规制以立法、执法为主，环保观点被制度化、法律化。在改革开放后第二年，第五届全国人大常委会第十一次会议通过《中华人民共和国环境保护法（试行）》，环境保护工作得到重视，全面展开，这是中国环境保护的基本法，标志着我国环境法体系建立的起步。之后国家及各地区相继颁布了系列与环境相关的法律和规章制度，制定处罚机制对企业环境违规行为进行管制。

2001年中国加入WTO，随着经济发展与环境保护之间的冲突日益加剧，建立长效协调机制成为各界关注的重要议题，环境保护成本与经济发展效益间博弈逐渐加剧，同时激励性规制受到更多的关注，我国中央和地方政府部门为进一步推广和完善环境规制激励机制做出了很多探索与努力。2006年，我国向世贸组织提交了关于近年来实施的补贴优惠项目的明细，包括在税收方面给予废弃物回收利用或再生产企业以优惠，对土壤保持建设项目、国家重点建设的水利工程提供财政补贴等；《中华人民共和国企业所得税法》（2007）规定，企业经营符合规定条件的环境保护、节能节水项目中所获得的收入，可以减免征收企业所得税，企业投资购置设备用于环境保护、节能节水、安全生产等项目，可以按一定比例抵免所得税额；2011年我国政府向世贸组织提交了关于2005—2008年实施的财政补贴优惠项目的明细，与2006年相比增加了多项与环保、新能源等产业相关的补贴规定。

2014年中国银监会印发《绿色信贷实施情况关键评价指标》（银监办发〔2014〕186号），在此推动下，逐步建立了绿色信贷定性和定量指标体系，至2016年，在中国人民银行和中国财政部等七个主要部门的共同努力下印发《关于构建绿色金融体系的指导意见》，我国的绿色金融体系趋于完善。虽然我国的环境规制体系得到了进一步的完善，但是纵观我国环境规制变迁，约束型规制远多于激励型规制，有关激励规制很少在相关的法律法规中得到体现，而更多地体现在部门规章中，其执行效力低于法律法规且行政实施过程中的政府干预与不透明使得激励机制混乱。

1950年—1960年，资本主义国家迈向新的纪元，市场经济快速恢复，并在二战结束之后得到高速发展，随之城市化进程加深，工业化速度加快，在经济得到飞速发展的同时，环境遭到严重破坏，后来由于环保主义兴起，发达国家的政府与群众都开始越来越关注环境问题，并致力于建立环境保护法律体系。美国从1995年到1972年间陆续在空气污染治理、水污染治理、噪声以及固体废弃物污染治理等多个领域颁布相关的法律，制定全国统一标准的规制政策。1980年末以来，环境税的应用逐渐普遍，其实施过程中的不断调整与完善也为当前环境问题严重的国家建立环境规制体系提供了经验，1990年初碳税在欧美的一些国家陆续开始征收，押金返还机制在回收塑料容器、金属、玻璃瓶时普遍应用。美国面对二氧化硫污染日益严重的现状，最早在国际上开始引入污染排放信用，运用排污权交易机制，允许工厂之间交易排污削减量来进行环境规制，其应用也相当成功，二氧化硫排放交易许可计划在较长时间的实践中逐渐完善，其在美国的实施过程可以分为两个主要阶段，第一阶段于1995年完成，成效显著，2000年成功地完成第二个阶段。根据WTO统计，至2015年，全球共有超过250个多边环境协议，从欧洲一些环境保护工作、环境问题治理效果显著的国家得出的经验看出，各个国家在制定和执行环保法规时都非常重视同时运用法律法规等强制性行政措施和环境补贴、环境税收等市场手段。与欧美发达国家相比，我国环境经济发展相对滞后并且由于经济发展滞后导致环境问题的凸显也相对较晚，所以我国环境规制体系的建立与完善也相对而言较为滞后。

关于环境规制的分类，最早由Richardson提出，将环境规制分为六类，即管控型规制、自我规制、自愿性规制、教育与信息工具、经济手段、自由市场环保主义。曾有学者使用1996—2002年德国制造业的面板数据，研究环境投资对生产率增长的影响时，将环境规制分为费用型和投资型，得出环境投资能有效促进生产率增长，费用型环境规制用排污费征收情况衡量，投资型环境规制用工业污染治理投资额衡量。Macho将环境规制分为命令控制型规制，以市场为基础规制和其他工具探讨了当环境法规基于标准和执行机构以一定的概率对公司进行审计时，公司对排放和遵从的决定，这一分类被之后的大多数学者所接受，并进行了进一步补充完善，有学者利用2000—2012年中国省级面板数据研究环境规制对全要素生产率的影响时，将其他工具具体为自愿型规制。赵玉民等对环境规制进行重新界定，将环境规制分为两类，一类为显性规制，另一类为隐性规制，显性规制包括命令控制型规制，以市场为基础规制和自愿型规制，但本质上都属于约束型规制。

二、约束性环境规制与环境绩效及环境治理

20世纪70年代环境规制表现为约束型，有实证研究认为环境规制会增加企业成本，减少创新，削弱企业市场竞争力，也有认为环境规制促使企业在有限资源下审视其所处的竞争环境与生态环境，选择创新方向，合适的环境规制强度可以推动企业进行环境技术创新，提升企业市场竞争力，自由竞争中环境规制可能通过刺激创新对企业绩效产生积极的影响。环境规制与企业外商直接投资（FDI）的关系研究中，有学者利用边际收益差异和流动性假说推导并验证了环境规制对FDI流入的抑制作用，也有学者运用古诺双寡头模型分析得出，合理的环境规制强度刺激了FDI的流入。在环境规制的分类上，有构建费用函数模型将环境规制分为命令控制型、市场型和非正式规制，研究机会主义下环境规制对企业排污行为的影响，发现市场型规制比命令控制型规制的减排效果好，各地区的执政效率、生产与环境文化不同导致发挥关键作用的环境规制类型不同。基于规制经济学分析政府实施排污税环境规制时，企业与政府之间存在博弈关系，政府通过征收排污税不能直接减少企业的排污量，政府应该根据地区间异质性采取差异化环境规制。基于波特假说运用面板门槛模型，在命令控制型、市场型和非正式规制分类的基础上，探究环境规制通过何种途径以及在多大程度上影响绿色生产率，研究发现命令控制型、市场型规制与绿色全要素生产率存在非线性正向关系，但是环境规制强度的阈值不同且存在地区差异，民众在环境污染监督中扮演重要角色，且民众受教育程度是重要的非正式环境规制指标，因而政府需审慎选择环境规制与安排环境规制强度。

部分学者的研究结果显示，环境规制与企业环境绩效正相关，也有一些学者提出了不同的观点，认为环境规制缺乏真正的实施效力，中国企业在与当地的环保部门就污染物排放问题的博弈中谈判能力非常强，中国书面法律执行效率低，政治关联会对环境规制与环境信息披露质量的关系产生调节作用。由于影子经济对政府税收与监管的挑战，影子经济下可能会允许企业避开环境规制，腐败程度会左右影子经济对污染水平的影响，腐败通过非正规部门影响环境质量。对1990—2012年欧洲电力市场的研究表明，政府对欧洲电力公司的控制可以创造出特殊的激励措施，当环境规制缺位或次优时政府的控制可以改善环境质量，补充环境规制，以实现环境目标。同时法制环境越差，腐败现象越普遍，非法排污行为越严重，环境腐败现象严重削弱了环境规制对环境违规行为的治理作用。一方面，环境问题的产生、加剧和解决都与地方政府政治生态相关，地区市场化水平较低时，其经济发展也相对落后，业绩压力导致地方政府更加重视如何促进经济增长，而其中一个有效

途径是促成工业集聚，产业集聚推动经济从而带动地区发展，弱化约束型规制的节能减排效用；另一方面，由政府主导的产业集聚会导致污染型企业寻租的动力增加，而不利于企业节能减排。较差的社会监管环境不利于制定有效的环境政策，并导致推迟更严格的环境法及其执行，对污染企业产生强烈吸引，FDI 的"污染天堂"假说认为东道国的腐败降低了当地的 FDI 流入，重度污染企业的大量污染物仍以未处理方式排出，除了少数重度污染行业外，其他行业的环境规制强度有待进一步提高。政府控制可以改善环境质量，同时地方政府与各地污染企业建立的长期合作关系，会使地方政府对地方企业破坏环境行为的监管力度降低，非法进行排污的行为更加严重。

综合上述文献，对企业的研究从企业绩效到环境绩效逐渐细化，而监管环境、地区差异等会影响环境规制对企业环境绩效的效用，末端治理导向下研究多关注减排，对其他类型企业环境违规行为研究较少。

三、激励性补贴优惠政策与环境绩效及环境治理

早期成果中有运用数学模型推导出，环境补贴能帮助企业减少来自环境成本的压力，引导企业进行技术创新以减少对环境的污染，同时在补贴力度较低时会刺激产量上升，污染减少的效果将被生产规模扩大而导致的污染增加所超过，补贴手段可能刺激更多的污染。在比较环境补贴与环境税对减排的治理效用时，运用需求函数推导得出，税收调控容易受到 WTO 环境倾销的约束，相比之下环境减排补贴效果更好，也有采用需求函数推导比较环境技术环境税和创新补贴的效用，可以通过环境补贴对环保技术创新进行引导，也可以通过纳税的方式，这主要取决于企业环境成本与环境收益的关系。地方政府环境补贴存在国有偏好、规模偏好，保护了落后产能，导致这些企业长期难以摆脱受补贴、得优惠的局面。在以财政补贴对企业的研发投入与企业绩效影响为对象的研究中，对财政补贴和研发投入与企业绩效之间关系进行实证分析发现，财政补贴能有效提高企业对研发的投入，但是政府层次的直接补贴形式容易使企业形成依赖习惯，不利于企业研发投入的可持续性发展。存在政治关联的企业中，获得的财政补贴与其环境绩效水平不成正比例，反而出现了反向的抑制效果，导致这些企业从国家获得巨额补贴，实现政府对高 GDP 增长的要求，但是却忽略了对环境的保护和治理，不利于经济和社会的可持续性发展。环境补贴实际上是地方政府将资金无偿转移到企业，它可以使企业拥有资金的量增加，而在一定程度上缓解企业受到的融资约束，从融资角度出发，政府环境补贴能帮助企业在市场中存活。另一方面，企业很有可能为了获取环境补贴通过寻租的方式和当地政府官员建立不正当的联系，使得政府在决定是否给予企业环境补贴以及给予多少额度时并不是从企业的实际经营绩效与发展规划来进行考量，与此相反，企业更大程度上寄希望于与当地政府之间的密切关系。企业会热衷于和当地的政府官员建立联系，以便获得高额度的环境补贴，这个寻租的过程将会产生较高的成本或者称之为"寻补贴"投资，这部分属于非生产性支出的成本可能会

挤出企业实体投资，如研发投入，这会导致企业创新活动的减少；同时，企业成功地从寻租活动中得到高额政府补贴优惠的表现是企业从补贴中获得了超额的利润，这在一定程度上会降低企业进行研发创新的动力，不利于企业通过提高生产效率和环境绩效的方式来获取超额利润，而是使企业更愿意通过相对更简单的方式与地方政府建立联系，从而获得与研发创新同等的超额利润，企业也更有动力进行下一轮的寻租行为，如此往复会大大弱化企业进行环境创新的动力。

我国目前实施的税收优惠相对比较集中，相关政策制度主要来自于企业所得税对特定项目的优惠规定，包括税率优惠、税基优惠（应纳税所得额）和税额优惠。以税率优惠来说，根据《企业所得税法》，企业所得税的税率统一为25%，税收优惠政策涉及多个产业，能够享受15%优惠税率政策扶持产业的范围在国家《产业结构调整指导目录》中作出了明确规定，且享受优惠的企业其主营业收入必须达到企业总收入的70%以上；对新办企业享受企业所得税"三免三减半"的优惠政策只限定在交通、电力等五大产业范围，其限制性较强，且这些行业本就属于高污染行业。根据企业所得税法的相关规定，企业要享受税收优惠相关政策，就必须按照税法要求，实施相应的环保活动，部分企业实际税率相对较高，税收压力较大，这些企业更加有动机为达到税法规定的税收优惠条件而按要求实施环保行为，努力提升企业的环境责任。许多国家的经验显示，环境政策的重要组成部分就是运用税收机制和税收优惠手段推动企业节能减排，我国积极借鉴国外的成功经验，短时间内出台了一系列税收优惠政策引导企业的节能减排行，研究表明，无论将全国作为一个整体来看，还是将各个地区区分来看，税收优惠都能提高企业的节能效率和减排效率，虽然有的不显著（郭存芝和孙康）。而基于利益相关者理论研究税收与企业环境责任之间关系时发现，中国与环境保护相关的企业所得税优惠政策在引导中国污染行业企业进行绿色生产方面的作用并不十分明显，应加大税收优惠力度，增加企业环境成本。也有研究表明，税收优惠是一种间接的技术补贴，由政府向企业输出，新能源企业将政府给予的税收优惠用于进行绿色技术研发的意识相对薄弱。

激励型环境规制除政府环境补贴与税收优惠外，还有绿色信贷政策。绿色信贷通过金融监管的方式从源头对环境问题进行治理，商业银行用信贷控制的手段对发生环境违规的企业或项目进行控制主要是依照产业政策；对以环境保护和加强治污为目的的企业活动的贷款放宽限制，给环保项目提供更大的扶持力度，通过资金支持优化资金配置、降低行政成本，提高生态效率，政府要为商业银行和企业之间开展绿色信贷政策提供信息交流平台并对绿色信贷的执行进行监督。有些地方的环保部门未能有针对性的、及时地发布企业环境违法违规信息；绿色信贷标准应该具备综合性、原则性，而目前的政策制定缺少具体指导信贷行为的目录，也没有明确的环境风险评级的标准；没有统一的管理和发布机制对已有的相关环保政策和市场准入标准信息进行管理，所以商业银行很难确定企业的环境管理情况以及污染生产情况，这会导致绿色信贷政策的可操作性降低。地方政府官员会为了职位上升或受到上级政府的压力与行政命令，为帮助受限制企业打开寻租贿赂之路，垄断环境审查评级权和通报权。此外，激励机制中缺乏推动绿色信贷的机制，经济扶持的相关政策也没有形成对环境保护工作做得好的企业的鼓励，导致环保项目不能吸引银行的资金支持。金融机构在给企业的环保项目提供信用贷款时，要对企业信息进行审核同时还要对项目以及项目实施的过程和结果进行评估和环境评价，环保部门提供的信息不能完全满足金融机构对审核企业环境信息的需要，所以对贷款企业，银行要额外建立独立全面的环境信息披露与监控体系，但环保项目和环保技术的专业性很强，银行需要花费较高的成本来建立这类信息体系，这会使银行关注企业环境行为，获取企业环境信息并对环境信息进行监管的动力和对开展绿色信贷的积极性降低。因此，最好的解决方式是由相关政府环境保护部门组织，各金融机构积极配合下建立所有机构和组织可以共享的企业环境信息数据库，另外可以考虑引入环境审计等中介机构，这可以有效提高环境信息的整合度与信息的统一性，能够大大降低银行搜集企业环境信息的成本，真正实现政策引导功能，推动企业的减排激励，提高企业环境绩效。银行与企业环境信息之间信息不对称，可能会使银行在审核放贷时更注重企业盈利能力而非环境风险，不利于企业环保投资，应完善差别信贷标准以保障绿色信贷实施。

基于中国企业数据调查研究实证发现，贿赂而非公司业绩，在很大程度上决定了公司在获得银行信贷的程度，腐败支出更多的企业更容易获得银行的贷款。政府为推动地方经济发展，会给当地的企业提供大量的补贴优惠和资金扶持，为企业提供的补助包括税收减免等多个方面，经验显示，这种方式有效地促进了地区经济的发展，而各个地区市场化进程存在差异，这种不平衡会对政府给企业提供补助的动机和意愿产生很大的影响，会影响政府补助企业的评价标准，政府的执政质量会影响企业资本配置效率，执行人员可能通过贪污贿赂，腐败可以将环境项目的资金转移到私人口袋中，不利于环保项目的实施。

四、文献述评

20世纪末到21世纪初，多围绕约束型环境规制的企业竞争力效应、吸收外资效应、创新效应到减排效应加以研究。在激励型环境规制上，主要研究了环境补贴与税收优惠的创新效应、减排效应等，而对绿色信贷政策效应的研究相对较少，主要集中在绿色产出效应上，无论约束型环境规制还是激励型环境规制，都最后集中到对企业环境违规行为中超标排放的影响研究。在企业环境绩效提升路径上，目前研究多集中在对环境问题的刑事司法介入，也有少量运用委托代理模型推导公众参与对企业环境绩效影响的成果，认为公众参与会产生对政府监督超标排放的挤出效应。同时，由于信息不对称造成监督不力，企业外部利益相关者缺乏了解企业环境信息渠道，导致无法有效提升企业环境绩效。除此之外中国不可持续的发展模式具有明显的区域差异，东部地区生态效率最高，中部和西部次之，同时企业规模、企业类型、地域特征等因素也会对企业环境绩效产生影响。遵守环境规制是企业最基本的道德规范，目前中国的环境规制还停留在采取强制或引诱手段诱导企业进行环保活动，而企业在创造利润的同时，不仅要有最基本的道德底线，还要主动承担对环境的责任。

Richardson（1999）最早提出，将环境规制分为六类，即管控型规制、自我规制、自愿性规制、教育与信息工具、经济手段、自由市场环保主义，这一分类被多数学者认可。也有学者在研究受规制实体的竞争力时将环境规制分为费用型和投资型，根据环境规制的灵活性将环境规制分为可变的环境规制和固定的环境规制。中国学者对环境规制主要从政府行为、经济主体在进行排污行为是受到的不同类型的约束方式、环境规制不同的适用范围等角度进行分类。赵玉民等对环境规制进行重新界定，把环境规制分成两个主要类别，一类是显性规制，另一类是隐性规制，其中显性规制主要由命令控制型环境规制，市场基础环境规制和非正式自愿型环境规制。上述环境规制分类都是基于命令控制型环境规制，市场基础的环境规制和非正式的志愿型环境规制这一分类基础进行补充与进一步研究，本质上都属于约束型规制。陈德敏和张瑞综合归纳环境规制体系后把环境规制分为四大类别：环境规制法律体系、支撑体系、方法体系和监督体系，相对而言比较全面，但这种分类方式复杂，要考察四大类别环境规制的效用相对较难。以往学者都是基于当时的经济制度背景对环境规制的分类，符合当时的研究背景。

世界上已经有先进的环保工业技术能有效避免和减少环境污染和能源消耗问题，而中国目前环境污染和资源消耗问题依旧相当严重，主要是由于环境激励机制设计不恰当、环境监控的制度尚未健全或者环境行为的监督制度执行不力，企业采用先进技术治理环境问题的动力和压力都不足，因此，我们需要加快技术创新提高环境技术水平，促进产业升级，同时要进一步完善制度机制，保障企业技术创新。现在成果中，有文献在研究影响企业环境绩效的企业层面与地区层面因素时，将企业环境违规行为分为无证设施、操作不当和超标排放三类，也有将环境规制分为约束型规制和激励型规制，激励型规制分为税收优惠、信贷优惠与环境补贴，这些分类方式并不少见，但是，并没有研究企业环境绩效与环境规制、环境规制强度关系的直接相关成果。正因为缺少支持地区间不同环境规制强度决策的成果，带来中国出现地区间环境规制同质化管理格局，造成没有根据地区间企业环境绩效异质化表现对环境规制强度加以决策。

第三节　相关理论基础

一、环境干预主义

环境干预主义的理论基础为外部性理论，它起源于新古典经济学家马歇尔于 1890 年在《经济学原理》中提出的"外部经济"概念，随后庇古的"庇古税"理论和科斯的"科斯"定理逐渐拓展并完善了外部性理论这一理论体系。作为经济学理论，外部性理论在环境保护领域同样具有广泛的应用。马歇尔认为，外部性即是经济主体在发展过程中随着规模的扩大，会享受到外部所给予的便利性和经济性。如一类产业的发展往往能带动上下游产业的聚集，以促进该产业的进一步发展。而庇古则在马歇尔"外部经济"的基础上，拓展出"外部不经济"的概念，他认为经济主体在发展过程中，会不可避免地对外部产生影响（如环境污染等），经济主体在付出成本去解决外部影响的过程中导致了"外部不经济"的出现。"庇古税"的提出标志着政府环境干预主义开始出现。而科斯则认为外部性并不是经济主体单方面的问题，经济主体之间的外部影响具有相互性，解决外部影响必须通过市场交易和自愿协商以实现资源的最优配置，政府干预并不能完全解决问题，科斯定理的提出使庇古理论受到了扬弃。

然而，环境干预主义并没有因此而终止。加尔布雷思的"新社会主义"论同样倡导政府环境干预的重要性，他认为环境卫生作为公共需求的重要部分，但经济发展的过程中环境破坏却越来越严重，这种二元经济体制下的失衡是造成富裕社会中出现公共贫困的根源。因此政府立法是保护环境的必要方法。此外，鲍莫尔和奥兹亦表达了政府干预环境的观点，并提出了征收附加税的方案，即"鲍莫尔－奥兹税"。在"鲍莫尔－奥兹税"提出后，另一项环境制度也随之出台，即向厂商颁发排污许可证。相对于污染征税，排污许可证办法更能降低最终污染量的不确定程度和实现资源优化配置。

在诸多的理论基础奠定之下，环境干预主义逐渐成为当前环境保护领域的主流，环境政策分析也开始日益流行。

二、环境库兹涅茨曲线（EKC 假说）

环境库兹涅茨曲线（即 EKC 假说）由库兹涅茨于 20 世纪 50 年代提出。该理论主张当经济发展到一定水平时，环境污染水平随着人均收入的增长而呈现先恶化后改善的趋势，即倒"U"型曲线关系。由于在经济发展之初，粗放型经济发展模式是主流，政府往往为追求经济快速增长而置环境于不顾。而随着人均收入的增加，人们生活水平逐渐提高，良好的环境质量同样成为公共需求的重要部分。政府开始考虑通过政策工具限制环境污染行为，并促进吸引绿色投资用以环境改善。Grossman 和 Krueger 首次通过实证对北美自由贸易协定对墨西哥环境污染的影响进行了探究，证明了环境质量与人均收入之间的确存在倒"U"型关系。而在近年中，环境库兹涅茨曲线假说的研究越来越多。如 Kim 等发现中国省际发展存在环境库兹涅茨曲线关系。众多环境库兹涅茨曲线研究表明，经济与环境息息相关，环境是经济发展的追求，而经济是环境改善的保障，两者无法脱离对立而各自存在。绿色投资作为融合经济和环境发展双重视角的重要指标之一，环境库兹涅茨曲线将成为探究其影响因素和未来发展趋势的主要理论基础。

三、不平衡增长理论

在新凯恩斯宏观经济学中，主要存在的难题有两个。一为主流宏观经济理论无法兼容环境和生态等自然因素，二是政策的全面宏观调控与区域经济的不平衡发展现象相矛盾（郝大江）。由此导致绿色投资的区域非均衡发展现象成为新凯恩斯宏观经济学难以解释的问题，然而赫希曼在 1958 年所提出的不平衡增长理论却为此提供了理论解释的基础。不平衡增长理论是指在各区域投入产出不同的现实情况下，强调政府应集中有限的资金和资源，选择性地向重点地区或重点产业进行倾斜，以促使资源配置效率的最大化。不平衡增长理论是非均衡增长论的理论之一，而非均衡增长论亦是环境干预主义支持者鲍莫尔的主要理论成果，这理论同样认为政府的投资效率偏低是导致政府支出规模不断扩大的主要原因。因此，加强政府的调控力度，以提高投资效率是不平衡增长理论的基本主张。

随着空间概念的兴起，区域经济学成为当前经济研究领域的重要分支，以不平衡增长理论、非均衡增长论为代表的一系列理论奠定了区域经济学的研究基础，而区域经济和环境的均衡发展更是生态环保领域的主要研究方向。基于我国地方绿色投资发展的现实背景，尽管各省经济发展水平各不相同，但环境保护作为我国的一项基本国策，地方政府如何结合政策干预以充分引导绿色投资最优配置并促进环境改善是当前亟待深思的问题。

四、政府环境策略互动与生态效率的理论

1. 地方政府竞争理论

关于地方政府竞争的研究成果相当丰富，Tiebout 认为居民通过"用脚投票"，迁移到满足其公共物品偏好的地区，为了避免居民流失，地方政府间展开竞争，竞相增加公共物品供给。Breton 首次提出了地方政府竞争的概念，指地方政府为了获得竞争优势，利用环境政策、税收政策、教育、医疗福利等手段吸引资本、劳动力等流动性要素流入国内学者在 Breton 等人的基础上，进行丰富和发展，构建了与我国情相适应的地方政府竞争理论。冯兴元将地方政府竞争定义为地方政府为了增强本地竞争力和、提高居民福利水平及人均收入，围绕着吸引流动性要素、提高产品竞争力和外销市场份额展开激烈竞争。黄纯纯等认为地方政府竞争是指，各辖区为了实现本地利益最大化，采取相应的公共政策争夺资源。

以上关于地方政府竞争的概念，基本上是围绕着地方政府竞争的目的、内容、手段考虑的，一般来说，地方政府竞争指政府为了吸引流动性要素，增加本地区的公共物品数量，从而促进本地区的经济增长和社会发展，而在法律制度、政府政策、投资环境等领域展开的竞争（刘锡田，2004）。

关于地方政府竞争的相关研究，主要集中在以下几个领域：

（1）地方政府竞争的动因。我国地方政府竞争的动因分为以下三点：财政分权是诱发地方政府竞争的制度原因。在分权型财政体制下，地方政府成为相对独立的经济利益主体，更有动力争夺资源，以谋求地区发展；其次，"用脚投票"竞争机制使流动性要素流向能提供更优公共服务的辖区，这对地方政府来说是一种压力，迫使其采取各种措施改善区域环境，吸引流动性资源。最后，我国以经济增长为核心的政绩考核体系加剧了地方政府之间的竞争，地方官员为了获得晋升，围绕着经济增长展开竞争。

（2）地方政府竞争的维度。地方政府竞争分为横向竞争和纵向竞争，同级政府间的竞争是横向竞争，主要是争夺流动性资源和产品市场；上下级政府间的竞争是纵向竞争，一般发生在中央政府和地方政府间，主要是财权和事权的竞争。

（3）地方政府竞争的内容。地方政府为了获得晋升，围绕着经济增长而展开竞争，竞争内容包括产品市场的竞争、要素市场的竞争、政治市场的竞争。产品市场的竞争指地方政府通过实施一系列政策为本地企业提供良好的经营环境，提高企业的竞争力；要素市场的竞争指地方政府吸引流动性资源流入本地区；政治市场的竞争指地方政府向中央政府争取获得更多的资源和优惠政策。

（4）地方政府竞争的手段。为了改善区域生态环境、吸引流动性生产要素，地方政府采取的竞争手段有税收竞争、规制竞争、公共物品和服务竞争等。第五，地方政府竞争的效应。竞争效应分为积极效应和消极效应，前者表现在促进地方政府不断学习，优化政府决策；有利于制度创新，提高政府效率；改善地方基础设施建设，优化公共产品供给；后者表现在重复建设、地方保护主义、恶性竞争、市场分割等。根据上述分析，地方政府竞争的研究内容表示为图1-1。

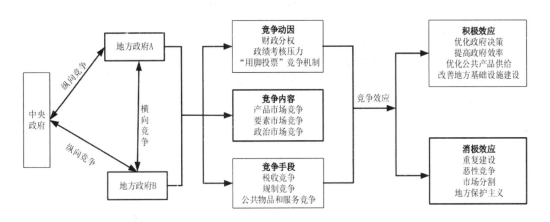

图 1-1　地方政府竞争关系

2.地方政府策略互动理论机制

在相对政绩考核体系的压力下，地方政府财政政策不再是独立的，而是存在着策略互动。目前关于地方政府间策略互动行为形成机制的理论主要有三点：①标尺竞争机制，信息具有外溢性，民众会根据其他地区政府的行为对本地区政府的行为进行评价，使得本地方政府以其他地方政府为标尺，在制定财政政策时，往往会考虑其他地方政府的策略，形成一种相对绩效考核方式。②财政竞争机制，在总资源一定的情况下，地方政府若想获得更多资源，就必须采取财政手段与其他辖区竞争，在行为上表现为策略互动。③溢出效应机制。地方政府财政支出存在空间溢出效应，可能会影响到周边辖区，进而对周边辖区地方政府行为产生影响，使地方政府行为在空间上存在相关性。前两种机制使地区间公共政策趋同，即模仿竞争，后一种机制则会导致趋异，即差异化竞争。

3.环境支出策略互动对生态效率的影响机制

在政绩考核体系的压力下，当周边地区政府增加环境支出时，本地区为了获得政治上的竞争优势将会根据周边地区政府的行为选择一个最优环境支出水平，进而导致了区域间环境支出的策略互动。环境保护支出作为一种公共物品具有正向溢出效应，这种溢出效应会对周边地区产生高位压力和低位吸附力。假设有 A、B 两个相邻的同级地方政府，高位压力指相对 B 地区而言，A 地区环境保护水平较高，区域间的差异会对 B 地区产生提高环境保护水平的压力，在该压力下，可能会出现两种博弈结果：

（1）"见贤思齐"策略，以经济发展为核心的政绩考核体系向绿色多元化转变之后，考核地方政府官员的指标体系不仅包括经济增长因素，还包括环境质量因素。B 地区政府为了获得政治晋升，将会"见贤思齐"，努力提高本地区的生态效率；

（2）"污染天堂效应"，因 A 地区环境保护水平较高，企业为了降低生产成本，将会转移到环境保护水平较低的 B 地区，从而形成污染集聚，降低 B 地区的生态效率。低位吸力是指相对 A 地区而言，邻近地区 B 的环境保护水平较低，区域间的差距会对 A 地区产生降低环境保护水平的吸力，此时可能出现两种博弈结果：①"占优更进"策略，因 A 地区环境规制水平高于邻近地区，污染产业会转移到 B 地区，从而减少了 A 地区的环境污染，提高 A 地区的生态效率水平；②"见劣自缓"策略，因 B 地区环境保护水平较低，继续提高本地区环境保护水平需要付出更多努力，A 地区政府可能缺乏实行更加严格的环境保护政策动力，放慢提升生态效率的步伐。基于以上分析，建立地方政府环境保护支出空间策略互动的分析框架，理论机制传导关系如图 1-2 所示。

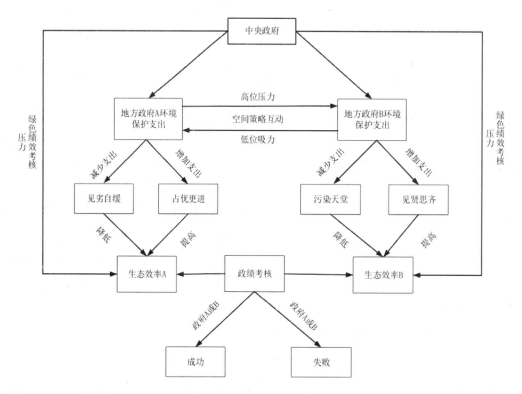

图 1-2　地方政府环境保护支出策略互动对生态效率的影响机制

第二章　中国的环境问题与政策

第一节　环境问题的基本概述

一、环境问题的概念分类

1. 生态环境的概念

生态环境是指由生物群落及非生物自然因素组成的各种生态系统所构成的整体，主要或完全由自然因素形成，并间接地、潜在地、长远地对人类的生存和发展产生影响。生态环境的破坏，最终会导致人类生活环境的恶化。

（1）生态与生活环境

要保护和改善生活环境，就必须保护和改善生态环境。我国环境保护法把保护和改善生态环境作为其主要任务之一，正是基于生态环境与生活环境的这一密切关系。

（2）生态与自然环境

生态环境与自然环境是两个在含义上十分相近的概念，有时人们将其混用，但严格说来，生态环境并不等同于自然环境。自然环境的外延比较广，各种天然因素的总体都可以说是自然环境，但只有具有一定生态关系构成的系统整体才能称为生态环境。仅有非生物因素组成的整体，虽然可以称为自然环境，但并不能叫做生态环境。从这个意义上说，生态环境仅是自然环境的一种，二者具有包含关系。

生态环境与自然环境是两个在含义上十分相近的，有时人们将其混用，但严格说来，生态环境并不等同于自然环境。自然环境的外延比较广，各种天然因素的总体都可以说是自然环境，但只有具有一定生态关系构成的系统整体才能称为生态环境。仅有非生物因素组成的整体，虽然可以称为自然环境，但并不能叫做生态环境。

2. 环境问题的分类

（1）水体富营养化

在人类活动的影响下，水生生物所需的氮、磷等营养物质大量流入湖泊、河口、海湾等缓流水体中，使水中的养分过于丰富，以致引起水中的藻类和其他浮游生物迅速繁殖，导致水中的氧气被这些水生物吸收，造成水中严重缺氧，从而引起水中鱼类和其他生物大量死亡，这种现象称为水体富营养化。水体中所含过量的氮、磷等营养物质，主要来自于人们未加处理或处理不完全的工业废水和生活污水（特别是含有大量含磷洗涤剂的洗涤污水未经处理而随意排放）、有机垃圾以及家畜粪、农用化肥等随着雨水淋溶所致。合成洗涤剂的废水主要有洗涤剂生产废水、工业用洗涤剂清洗废水，洗衣工厂排水及餐饮业及生活污水。排入水体后，这些富含氮、磷的污染会引起水中藻类的大量繁殖，并产生对水生生物有轻微毒性的藻毒素，能造成鱼类畸形，也会对其他的生物产生影响。

（2）酸雨

当降水的 PH 值小于 5.6 时，此降水即称为酸雨。形成酸雨的主要物质有：SOX、NOX、HCl 及其他酸性物质。例如：煤炭燃烧、硫酸工厂排放的二氧化硫和机动车辆尾气排放的氮氧化物等是形成酸雨的主要因素。其次，气象条件和地形条件也是酸雨形成的重要因素。当降水酸度 PH 值小于 4.9 时将会对森林和农作物、建筑材料等造成明显的损害。

（3）臭氧（O3）层的破坏—（臭氧空洞）

臭氧层处在地球上空 25~45 公里的平流层中，它能对太阳的紫外辐射，尤其是紫外线 UV-B 段有较强的吸收作用，有效地阻挡了对地表生物有伤害作用的短波紫外线。因此可以说，直到臭氧层形成以后，生命才有可能在地球上生存、延续和发展，臭氧层是地表生物系统的"保护伞"。然而，在 1998 年，南极臭氧空洞面积就已经几乎相当于三个澳大利亚（超过 2000 万平方公里），而且，这种状况还在进一步恶化之中。而破坏臭氧层的罪魁祸首是氟利昂，哈龙气（1211 灭火器中含有），最典型的氟氯碳化合物（CFCS 俗称氟利昂）和含溴化合物的哈龙（Halons），它们对臭氧的破坏是以催化的方式进行的。因为在平流层，强烈的紫外线照射使 CFCS 和 Halons 分子发生解离放出高活性的原子态氯和溴，而这些氯和溴原子自由基是破坏臭氧层的主要物质。臭氧层破坏的直接后果是太阳辐射的紫外线长驱直入，危及人类及其他生物的生存。据科学数据统计表明：臭氧浓度下降 1%，紫外辐射将会增加 2%，皮肤癌的发病率将增加 4%。

（4）温室效应（温室气体）

温室效应是指透射阳光的密闭空间由于与外界缺乏热交换而形成的保温效应，就是太阳短波辐射可以透过大气射入地面，而地面增暖后放出的长波辐射却被大气中的二氧化碳等物质所吸收，从而产生大气变暖的效应。大气中的二氧化碳就像一层厚厚的玻璃，使地球变成了一个大暖房。据估计，如果没有大气，地表平均温度就会下降到 −23℃，而实际地表平均温度为 15℃，这就是说温室效应使地表温度提高 38℃。但是随着人类工业化的进程，大量的化石燃料使得大气中的温室气体（主要是二氧化碳）有逐渐增多的趋势，这会导致全球气候变暖，两极的冰川融化，海平面上升，严重威胁到人类未来的生存。

（5）重金属污染

自然界有一些物质：重金属（如汞、镉、铬、铅）的单质及其化合物，在自然界中的含量虽然很少，但其环境危害却很大。而且，进入人体后很难（几乎不可能）分解、易积累，甚至通过食物链的传递直接进入人体。重金属通常具有三大危害：致畸形、致癌症、致基因突变——即"三致"。

（6）生物多样性破坏

生物多样性是指一定范围内多种多样活的有机体（动物、植物、微生物）有规律地结合所构成稳定的生态综合体。这种多样包括动物、植物、微生物的物种多样性，物种的遗传与变异的多样性及生态系统的多样性。其中，物种的多样性是生物多样性的关键，它既体现了生物之间及环境之间的复杂关系，又体现了生物资源的丰富性。我们目前已经知道大约有200万种生物，这些形形色色的生物物种就构成了生物物种的多样性。但随着人类对生物资源的过度利用，已经造成了多种生物的灭绝，对整个生态系统产生了相当严重的影响。

二、环境问题产生的原因与危害

环境是当今全球面临的严峻问题，对于我们这样一个人口众多，资源相对不足，环境脆弱的发展中国家更是一个严峻挑战。目前，生态环境已经成为制约我国发展的一个重要因素，成为威胁中华民族生存与发展的重大问题。为了我国更好的发展，我们必须了解我国目前有哪些生态问题，它的成因以及危害是什么，只有这样我们才能对症下药，集中精力去解决最急迫的问题，力求达到事半功倍的效果。

我国主要的生态问题主要表现在水资源、土地资源、空气资源、森林资源、草原资源、动物资源等方面，具体体现为水土流失，土地荒漠化，地下水位下降，湖泊面积减小，水质污染，水资源缺乏，动物物种锐减，天然森林资源锐减，草原生态系统失衡，空气污染，噪声污染，湿地面积减少。

放眼当前的世界，当前的中国，早已是满目疮痍，生态环境为什么会变成这样？我想只能问曾经和现在生活在这片土地上的人们，我们到底做了什么？是我们该醒醒的时候了，想想我们的草地、森林、空气、水，曾经的绿地变成荒漠，曾经的清澈变成浑浊，曾经广袤无垠变成大窟窿。它们为什么变成这样了。从政治方面来看，生态环境保护的法制不完善和资源价格政策的不合理性是生态环境破坏的关键因素。

生态环境立法不配套，不能完全适应社会主义市场经济的需求，国家生态环境保护管理体制尚未完全理顺，职责分不清，相互配合不够协调，环境资源管理机构不健全，人员少，技术手段差，执法不严，群众对环境保护的参与、监督机制不健全。长期以来，我国的自然资源低价或者无价的政策，引发了一系列问题。资源无价政策诱使人们单纯地追求经济产值和经济增长速度，不顾自然资源过度开发和因此造成的资源浪费并最终导致自然资源的不断衰竭。

从经济方面来看，人口的持续增长、粗放式经济增长方式、产业结构不合理、对生态环境的保护和建设投入不足是生态环境破坏重要因素。资源的需求量不断的增长，人们只有不断地向自然索取，但是由于产业结构不合理和我国技术水平不发达，是我们一直以粗放的经济方式实现经济快速增长的目的，结果资源不仅大量浪费，而且给空气，水，土地等自然资源带来不可恢复的伤害，再加上我国对生态环境的保护的资金和认识不足，使问题逐日累积最后达到不可收拾的地步。从文化方面来看，对生态环境资源价值的认识不足和全民生态意识薄弱是生态环境破坏的一个因素。

调查显示，过去全民对许多环境问题缺乏了解，根本不可能主动去保护环境，正是因为没有意识才使当局政府没有及时颁布有效地法令来强制全民对环境进行保护，才使改革开放以来商人只关注自我利益忽视对环境的自我主动保护。环境污染和环境破坏给我们带来严重的危害，主要表现在以下三个方面：

1. 威胁生态平衡：温室效应，酸雨，臭氧层破坏，生物物种减少

酸雨是因为 SO_2 在空气中与 H_2O 反应 H_2SO_3 使雨水呈酸性。酸雨可导致土壤酸化。我国南方土壤本来多呈酸性，再经酸雨冲刷，加速了酸化过程；我国北方土壤呈碱性，对酸雨有较强缓冲能力与稀释能力，一时半时酸化不了，酸雨可对森林植物产生很大危害。酸雨对中国森林的危害主要是在长江以南的省份。根据初步的调查统计，四川盆地受酸雨危害的森林面积最大，约为 28 万公顷，占有林地面积的 32%。贵州受害森林面积约为 14 万公顷。根据某些研究结果，仅西南地区由于酸雨造成森林生产力下降，共损失木材 630 万立方米，直接经济损失达 30 亿元。环境污染与破坏使生态系统的结构和功能失调，致使环境质量下降，甚至造成生态危机，直接威胁到人类的生存。

2. 危害人类健康

大气污染物对人体的危害是多方面的，主要表现是呼吸道疾病与生理机能障碍，以及眼鼻等黏膜组织受到刺激而患病。大气中污染物的浓度很高时，会造成急性污染中毒，或使症状恶化，甚至在几天内夺去几千人的生命。其实，即使大气中污染物浓度不高，但人体成年累月呼吸这种污染了的空气，也会引起慢性支气管炎、支气管哮喘、肺气肿及肺癌等疾病。环境污染日益严重，致使人们呼吸被污染的空气，饮用被污染的水，吃被污染的瓜果蔬菜，遭声的折磨，严重危害人类的健康。环境污染对人体的危害，具有影响范围大，接触时间长，潜伏时间久等特点。

3. 直接制约着我国经济和社会的可持续发展

环境问题越来越严重，使世界各国普遍认识到通过高消耗追求经济数量的增长和"先污染后治理"的传统发展模式，已不再适应当今和未来发展的要求.世界各国普遍推行"可持续发展"战略，这是人类发展模式的根本变革.生态环境一旦遭到破坏，需要几倍的时间乃至几代人的努力才能恢复，甚至永远不能复原。人类为恢复和改善已经恶化的环境，必须做长期不懈的努力，其任务是十分艰巨的。

环境已经向人类亮出了"黄牌"，如再不清醒，就将会被罚出"场"外。到那时，尽管人类为子孙后代留下数以亿计的财富，但由于前人"愚蠢"的行为，毁掉了他们的生存条件，再多的财富又有什么意义。

三、当前人类面临的主要环境问题

随着工业生产的发展，人类面临着越来越多的环境问题，目前人类面临的十大危害主要是：

1. 全球气候变暖

由于人口的增加和人类生产活动的规模越来越大，向大气释放的二氧化碳（CO_2）、甲烷（CH_4）、一氧化二氮（N_2O）、氯氟碳化合物（CFL）、四氯化碳（CCL4）、一氧化碳（CO）等温室气体不断增加。这些温室气体对来自太阳辐射的短波具有高度的透过性，而对地球反射出来的长波辐射具有高度的吸收性，也就是常说的温室效应，导致全球气候变暖。全球变暖会使全球降水量重新分配，冰川和冻土消融，海平面上升等，既危害自然生态系统的平衡，更威胁人类的食物供应和居住环境，导致大气的组成发生变化，大气质量受到影响，气候有逐渐变暖的趋势。由于全球气候变暖，将会对全球产生各种再现的影响，较高的温度可使极地冰川融化，海平面每10年将升高6厘米，因而将使一些海岸地区被淹没。全球变暖也可能影响到降雨和大气环流的变化，使气候反常，易造成旱涝灾害，这些都可能导致生态系统发生变化和破坏。

目前控制温室气体排放已经成为世界热点之一。

2. 臭氧层破坏

在地球大气层近地面约20～30公里的平流层里存在着一个臭氧层，其中臭氧含量占这一高度气体总量的十万分之一。20世纪中叶以来，人们发现北极圈的臭氧浓度明显降低，南极圈的臭氧层还出现了空洞。臭氧层遭破坏的严重后果也是不可忽视的；它将增高人类皮肤癌和白内障的发病率，使人类的免疫系统受到损害；它还会严重地破坏海洋和陆地的生态系统，阻碍植物的正常生长。

臭氧层遭破坏的元凶竟然也是人类。近数十年来，人类扩泛使用氟氯烃类化合物与哈龙作制冷剂、除臭剂、喷雾剂等，这些化学物质释入大气并扩散入臭氧层后，会与臭氧反应，使臭氧分解为氧从而导致臭氧的减少。

3. 生物多样性减少

随着科学技术的进步和工业建设的发展，人类对动植物的破坏与日俱增。近百年来，由于人口的急剧增加和人类对资源的不合理开发，加之环境污染等原因，地球上的各种生物及其生态系统受到了极大的冲击，生物多样性也受到了很大的损害。统计表明，目前，每年要有4000~6000种生物从地球上消失，更多的物种正受到威胁。1996年世界动植物保护协会的报告指出："地球上四分之一的哺乳类动物正处于濒临灭绝的危险，每年还有 1000 万公顷的热带森林被毁坏"。我国生物多样性遭受破坏的速度也十分惊人。估计到 21 世纪初，全世界野生生物的损失可达其总数的 15%~30%。在中国，由于人口增长和经济发展的压力，对生物资源的不合理利用和破坏，生物多样性所遭受的损失也非常严重。大约已有 200 个物种已经灭绝；约有 5000 种植物在近年内已处于濒危状态，这些约占中国高等植物总数的 20%；大约还有 398 种脊椎动物也处在濒危状态，约占中国脊椎动物总数的 7.7% 左右。动植物的生死存亡必将影响人类的命运。人类威胁其他生物生存的最终结果将是威胁到自己的生存。

4. 酸雨蔓延

人类的生活和生产活动排放出大量二氧化硫和氮氧化物，降雨时溶解在水中，即形成酸雨。酸雨对人类环境的影响岍是多方面的，酸雨降落到河流、湖泊中，会妨碍水中鱼、虾的成长，以致鱼虾减少或绝迹；酸雨还导致土壤酸化，破坏土壤的营养，使土壤贫瘠化，危害植物的生长，造成作物减产，危害森林的生长。此外，酸雨还腐蚀建筑材料，有关资料表明，近十几年来，酸雨地区的一些古迹特别是石刻、石雕或铜塑像的损坏超过以往百年以上，甚至千年以上。二氧化硫和氮氧化物等气体主要是在能源使用过程中排放出来的。人类的生产水平和消费水平越高，消耗的能源也越多，酸雨的危害也就越大。全世界有三大著名的酸雨区，一个在北美的五大湖地区，一个在北欧，另一个就在中国。近十余年来，中国的酸雨区不断扩大，目前酸雨区面积已接近国土面积的 1/3。其控制已被列入国家绿色工程计划。

5. 森林锐减

由于人类的过度采伐和不恰当的开垦，再加上气候变化引起的森林火灾，世界森林面积不断减少。据统计，近 50 年来，森林面积已减少了 30%，而且其锐减的势头至今不见减弱。森林的减少使其涵养水源的功能受到破坏，造成了物种的减少和水土流失，对二氧化碳的吸收减少进而又加剧了温室效应。

6. 土地荒漠化

过度的放牧及重用轻养使草地逐渐退化，开荒、采矿、修路等活动对土地的破坏作用甚大，加上水土流失的不断侵蚀，世界上每天都有大片土地沦为荒漠。全球陆地面积占 60%，其中沙漠和沙漠化面积占 29%。每年有 600 万公顷的土地变成沙漠，经济损失每年达 423 亿美元。全球共有干旱、半干旱土地 50 亿公顷，其中 33 亿遭到荒漠化威胁，致使每年有 600 万公顷的农田、900 万公顷的牧区失去生产力。人类文明的摇篮底格里斯河、幼发拉底河流域，由沃土变成荒漠，我国的黄河水土流失亦十分严重。

7. 水环境污染严重

人口膨胀和工发展所制造出来的越来越多的污水、废水终于超过了天然水体的承受极限，于是本来清澈的水体变黑、发臭，细菌滋生，鱼类死亡，藻类疯长，更为严重的是，本来足以滋养人体的水，常因含有有毒物质而使人染病，甚至致人于死地。工农业生产当然也因为水质的恶化而受到极大损害。水环境的污染使原来就短缺的水资源更为紧张。水资源的短缺、水环境的污染加上水的洪涝灾害，构成了足以毁灭人类的水危机。

此外，人类活动使近海区的氮和磷增加 50%—200%；过量营养物导致沿海藻类大量生长；波罗的海、北海、黑海、东中国海等出现赤潮，海洋污染导致赤潮频繁发生，破坏了红树林、珊瑚礁、海草，使近海鱼虾锐减，渔业损失惨重。

8. 大气污染肆虐

大气污染的主要因子为悬浮颗粒物、一氧化碳、臭氧、二氧化碳、氮氧化物、铅等。现代都市还存在光化学烟雾，这是由于工业废气和汽车尾气中夹带大量化学物质如碳氢化合物、氢氧化物、一氧化碳等，它们与太阳光作用，会形成一种刺激性的烟雾，能引起眼病、头痛、呼吸困难等。大气污染导致每年有 30 万 ~70 万人因烟尘污染提前死亡，2500 万的儿童患慢性喉炎，400 万 ~700 万的农村妇女儿童受害。

9. 固体废弃物成灾

固体废弃物包括城市垃圾和工业固体废弃物，是随着人口的增长和工业的发展而日益增加的，至今已成为地球，特别是城市的一大灾害。垃圾中含有各种有害物质，任意堆放不仅占用土地，还会污染周围空气、水体，甚至地下水。有的工业废弃物中含有易燃、易爆、致毒、致病、放射性等有毒有害物质，危害更为严重。

10. 危险性废物越境转移

危险性废物是指除放射性废物以外，具有化学活性或毒性、爆炸性、腐蚀性和其他对人类生存环境存在有害特性的废物。美国在资源保护与回收法中规定，所谓危险废物是指一种固体废物和几种固体的混合物，因其数量和浓度较高，可能造成或导致人类死亡率上升，或引起严重的难以治愈疾病或致残的废物。

第二节　环境政策的基本概述

一、环境政策的分类

一般而言，环境政策大体可分为两类：一类为指令控制型环境政策，这类环境政策是通过设计统一的技术标准和环境绩效标准来达到环境管制的目的，它是一种基于政府命令与控制（Command and Control—CAC）的管理手段，简称命令规制政策；另一类为基于市场的经济激励（Market-Based Incentives-MBIs）手段，简称经济政策。指令控制型环境政策倾向于让厂商承受相同的污染控制负担，采用强制性的手段来限制厂商的污染排放，这种政策可以非常直接的对厂商产生影响，但由于行业和厂商生产方式的差别，使得不同的厂商有着不同的污染治理成本，而指令型环境政策则对所有的厂商都采用统一的标准，尤其是厂商之间污染治理成本差异较大的时候，这种一刀切的管理模式会造成很多资源的浪费和投资的重复，在这类环境政策下，价格机制很少发挥作用。与指令型环境政策不同的是，市场导向型环境政策是通过排污税、补贴和排污权交易等市场机制来影响厂商的排污行为。在市场机制下，环境管理者通过增加厂商的污染排放成本，来促进厂商增加污染治理 R&D 投资，厂商可以在污染治理 R&D 投资与排污成本之间做出更有利的选择，使得厂商之间的边界污染治理成本趋同，达到降低污染排放成本的目的。因此在相同的治理目标下，如果不考虑交易成本，市场导向型环境政策能够以更低的投入实现相同的目的。

1. 基于政府的指令控制政策

解决环境问题最常见的方法就是使用指令控制型环境政策，因为该环境政策具有易于理解，操作简单的特点，而且能够保证确定性的结果。在此类环境政策下，环境管理者不考虑厂商的生产和行业因素，厂商会承受相同的污染控制负担，并不让价格机制发挥作用。因为该环境政策能够保证结果的确定性，而且实施过程相对简单，所以其为政策制定者所偏爱，但却需要投入巨大的直接成本和间接成本。亚太经合组织（OECD）对确定性环境政策的定义为：政府限制污染物的排放或直接影响排污者的环境行为方面的措施，它包括排污标准（Standards）、禁令（Bans）、和配额（Quotas）等，其特征是：对污染排放量或削减量进行规定，污染者只能按照规定行事，如果违反了规定，污染者只能接受罚款或法律诉讼，而没有其他选择。目前，这种指令控制型政策手段因为其政策的实施相对僵化，有很多约束，但其在实际应用中却是至关重要的，在一些环境管理中不可或缺，尤其是在对特别危险的有害物质进行控制、确保居民区不处于污染工厂的下风口或下游，以及对一些工厂选址的考虑等，都需要国家利用强制性的手段来进行规范，这时它可能是实现环境政策目标的唯一可行的手段。另外，在污染源相对较少的地方，指令控制型政策可能是最可行的管理方法，因为市场导向型环境政策都需要大量的市场参与者。如在一个地区，只有一个厂商会产生大量的污染物，这个厂商与其他厂商相比，无论是污染物的产生量还是厂商的规模，都是远大于其他厂商的。在中国，很多工厂型城市都有这种情形，这些城市的建立，往往是因为一个工厂的建立而产生了一个城市。对管理者来说，在这种情况下，市场可能太小，不可能用一些市场导向性政策来进行环境管理，因此规定削减标准可能比许可权交易政策或税收政策更为便宜和简单。

指令型控制政策，要考虑到它的可行性与厂商的接受度。如果环境管理者从社会福利的角度考虑，一般会选择制定较为严格的环境政策，但较为苛刻的环境政策会给环境管理者带来较大的经济压力和政治压力，有时甚至对经济的发展产生一定的阻碍作用；但如果标准定得太低，又达不到控制污染的目的，产生严重的环境问题，这也是目前我国环境管理的现状。同时，如果制定处罚措施也是环境管理者必须面对的一个问题，对于不遵守规定的处罚措施必须是适当的和公正的。

指令控制型环境政策的特点是厂商在环境政策的选择中灵活性相当小，而且一般指令型环境政策不会考虑不同类型和不同行业的厂商的污染治理成本，采用一刀切的方法，给所有厂商设定相同的技术标准或执行标准而达到环境管制的目的。在指令控制型环境政策条件下不同的厂商在污染物的排放过程中必须遵守相同的技术标准，对污染物的治理方式没有选择的余地，因此，一般认为，指令控制性环境政策对厂商技术创新的激励较小，而且污染治理成本较高，厂商的选择性小，环境管制效率较低。

2. 市场导向性政策

市场导向型环境政策是指通过一些经济手段，如排污税、补贴和排污权交易等市场机制，来影响厂商的排污行为，它包括排污税、补贴、排污权交易等。排污税就是指对产生环境影响的商品和服务所征收的税收，如排污税、资源税等；排污权交易政策是指在满足环境要求的条件下，建立合法的污染排放的权利，并允许这种权利可以像商品一样在市场上进行买，用这种办法来保证对污染物的排放总量进行有效控制的同时，促进资源的优化配置，降低污染治理成本。它主要有两种形式：排污权免费分配和公开拍卖。在一定程度上，排污权交易政策和税收政策具有一定的相似性，他们同属于经济政策，但这二者也存在差别。从理论上说，虽然税收是一种以市场经济为基础的市场导向型环境政策，但却是国家征收的，国家干预的色彩十分强烈，税率的制定，税费的征收都较为僵化。与环境管理者制定税率不同的是，排污权交易政策则更多的是直接运用市场机制，由市场来决定排污权的均衡价格，通过创造一个排污权的交易市场，来解决环境资源配置问题。押金返还制度在那些有潜在污染的产品上征收附加费，厂商如果把这些产品或产品的残留物返还到收集系统，从而避免污染，那么，厂商所缴纳的附加费将被返还。从理论研究和实践来看，市场导向型环境政策不但为厂商采用先进的污染治理技术提供了较强的刺激，厂商可以把排污权当成一种产品，更有利于增加厂商污染治理 R&D 投资的积极性，而且如果一种有效的低成本方法能够被识别和采用，它将使厂商获利更多，从而有利于新技术的开发和扩散。但另一方面，与指令控制型环境政策相比，市场导向型环境政策也有其内在缺陷。

（1）在市场体系不健全或者存在市场势力的时候，排污税、补贴和排污权交易等工具可能无法有效地发挥作用，因为交易成本常常会阻碍这些政策的实施。

（2）经济活动主体—厂商对排污税、补贴和排污权交易等工具的反应和反馈需要一个过程，市场导向型环境政策的行为激励作用往往要通过一段时间才能显露出来，这种反应的滞后往往也影响了激励作用的大小。

（3）现有的研究都是基于理论化的模型，而在实际生产与操作中，厂商所排放的污染物也是一个很难确定的量化测定，在实施总量控制时，对很多污染物，目前还存在一定的技术困难。因此排污权这种相对抽象的商品，要想完全像现有的普通商品那样在市场上进行交易，还要依赖于技术的进步。但从现有的研究成果来看，与指令控制型的环境政策相对比，市场导向型的环境政策具有比较明显的优越性，它往往能促使厂商采用更好的污染治理技术和更引入更为先进的生产工艺。

二、环境政策工具的作用

1. 环境政策是实现环境目标的基本途径

环境保护是一项关系到子孙后代未来生存与发展的事业，就厂商本身来说，社会责任的缺乏和对利润的追求，使得很多厂商都缺乏应有的环境保护意识，在这种情形下，需要环境管理者确定合理的环境目标，制定相应的环境政策，规范厂商的行为，并通过有效的执行达成目标。而政策目标的实现必须以政策工具为手段。政策是目标与工具的有机统一，工具则是达成目标的基本途径。政策科学的创始人哈罗德拉斯韦尔（H. D. Lasswel）曾说过，政策是"一种含有目标、价值与策略的大型计划"。这里的"策略"实质上就是政策工具，它是达成政策目标的一系列方法、技术和手段的综合。在环境政策系统运行过程中，选择和设计有效的政策工具，对规范调适对象的行为，使其行为符合政策目标要求，显得尤为重要。

2. 环境政策工具是环境政策执行的核心

环境政策的执行作为一种实现环境目标的基本途径，其本质是政府机构在特定环境下针对特定环境政策问题对环境政策工具进行公共选择的过程。环境政策执行的有效性依赖于工具的正确选择。美国学者艾利斯说："在实现政策目标的过程中，方案确定的功能只占10％，而其余的90％取决于政策的有效执行"。因此，保证环境政策的有效性，还依赖于良好的环境政策实施技术，即政策工具。选择何种政策工具以及用何种标准评价政策工具的效力等问题，对政策的有效执行和政策目标的实现有决定性的影响。

3. 环境政策工具的选择

关系到环境政策的成与败一项目标的实现，需要的不仅仅是权力和拨款，更多的是需要一些良好的政策，其中，政策工具也是必不可少的。安德森认为，"在试图确定某一项公共政策有没有可能有效时，政策分析家们不仅仅关切政策的主要目的，以及这些目的有没有实现，而且还要关注可采取的政策实施技术，以及这些政策实施技术是否能够适合于政策的有效实施"。戴维·奥斯本（David. Osborne）曾说：今天我们政府失败的主要之处，不在于目的而在于手段。随着环境问题由"简单化"向"复杂化"的发展，使得环境政策的有效执行越来越依赖于环境政策工具。选用何种政策工具对于环境政策有效执行和环境政策目标的顺利达成具有决定性的影响。

4. 中国环境政策工具的效果

依据政府扮演角色差异划分的环境政策，本节将具体说明行政命令型环境政策、市场激励型环境政策和公众参与型环境政策三种政策，并详细阐述其所带来的具体政策效果。

行政命令型环境政策是指政府或监督部门通过颁布一定的法律法规来规范被管理对象的行为，同时借助法律手段或发布的环境保护的硬性指标强制执行的。它通常适用于一切排污行为。一般为一套事前严格控制污染排量的标准，通常形式有硬性的技术标准或者效率标准。比较典型的形式有"三同时"制度、关停并转、达标排放制度等。它的政策效果有强制性、但对于排污排放的企业来说没有激励作用，而且在执行过程中需要较多的人力、物力成本保障政策制度的实施并维持其执行效率；同时还具有较强的不确定性：①腐败可能会通过执行效率这一途径影响到实际执行范围，②对单个个体的总污染排放量进行控制，无法确定实际每个守法的排污者，这样就不能实际控制污染总量的排放。

市场激励型环境政策的主要形式有环境税、技术补贴、排污权交易等，是基于市场为基础的，借助市场力量有差别的控制污染排放或者征收相关罚款来减少污染排放量进而实现环境政策的目的。在市场型环境政策条件下，排污者可以根据自身的情况减少排污即可以获得相应的经济效益，如减少政府关于排污的税收、获取效益贷款额度等，促进减排的同时具有十足的激励作用，还可以激励企业进一步创新，此外，缴纳的环境税收同时又能作为填补环境治理投资的金额，补偿政府的同时减少税收扭曲。就排放量的控制上来说，总许可的排污量在排污权交易的情况下是有限制的，所以污染排放量可控。但就环境税和补贴来讲，可控的污染总量仍然不确定。

公众参与型环境政策是指政府通过道德规劝和舆论影响，或是公众自发的环保意识对企业的生产行为进行监督，并向政府提出环境方面的改变的意见来改变自身的环境政策。最初通常是指通过群众参与监督举报违规企业，来达到环境保护的目的，而目前兴起了一种通过相关机构披露企业环境治理的信息，从而促使消费者、银行等利益相关者共同监督企业的绿色运营的途径，使得公众和其他利益相关者都能参与监督。公众参与型环境政策的优点是规制成本低，同时可以激励企业提升自身形象和技术水平，受到腐败的影响作用相对较小，但不足是对社会的污染排放的总量控制力度小，而且从公众反馈、监督到改进需要一定的时间从而效果具有的滞后性。

总体而言，中国的行政命令型环境政策一直是政府最先使用，并重视发展的政策，其应用历史较长、应用范围最广，但是这一政策体系也仍然存在标准单一、操作简单，标准偏低，激励效用弱，执行与维护成本较高等，不科学、不完善的缺陷。其次，中国的环境执法力度以及实施效率不足，环境管理保障体系不完善，导致地方机关执法力度不严，企业的违法成本很低，与其购买高额设备治理污染，更多的愿意缴纳罚款来满足排污需求。市场激励型环境政策工具面对的外部市场机制不成熟、交易市场不完备，导致企业参与政策中不能及时对信息作出反应，这就使得政策制定的排污费低于最优费率，同时难以达到最佳减污总量，而且企业在参与过程中无法对市场做出准确判断，从而整体降低了控制效率。中国的公众参与性环境政策除了信访、投诉与舆论监督，最主要就是是通过参与人大和政协会议、听证会等方式。相比发达国家而言，发展历史不长，在监督政府和企业行为中起到了一定作用，但是仍然存在公众参与的保障不足、相关法律制度等问题有待完善。比如规定公众参与的有关文件，对于如何参与的过程的说明可行性不强，公众处在被动的状态，使得制度约束力降低；同时，政府的工作不够透明，正度不会将限期治理的企业名单以及相关信息公开，公众与其他利益相关者就无法充分行使其监督的权力。总而言之，中国的公众参与型的参与度还不够，许多公众监督的权力是形同虚设。

5. 环境政策指标选取

对环境政策进行实证研究的过程中，指标的选取与强度的量化是极其重要的步骤。环境政策工具繁多，相关领域的统计数据也十分复杂，在学术研究文献中，环境政策强度指标也多种多样，没有统一的方法，各种指标都有一定的优势和局限性。

（1）常见指标的度量方法的优势。

1）单一指标法的优势在于数据的搜集十分便捷，而且能够很好地反映某一种政策工具的效果或者实施强度。

2）替代指标法的数据搜集比较便捷，而且能够较为紧密地同其他变量产生相关关系，可以同时反映多种变量含义。

3）大部分文献使用污染投资治理额、"三同时"费用、排污费等的绝对值或者占产出的比重来衡量政策强度。这一种度量方法应用比较广泛，原因在于这一类型的数据比较容易从统计年鉴中获得，而且数据能够全面反映政府与排污者的情况。

4）多指标法：部分文献从多个角度出发，将环境政策分类研究，如上文所说的分类，将"三同时"、排污费、信访批次同时作为环境政策强度的指数。这样衡量方法能够全面的涵盖政策的各个方面。

（2）选取表示环境政策的指标

第一个指标选取的是环境污染治理投资金额。各省每年环境污染治理投资金额是本文在研究激励型环境政策并进行实证分析时所采用的第一个指标，投资的数值越高则表明激励性政策的力度越大，相对于其他文献中所使用的"三同时"费用，各省市每年在环境污染治理上所投资的金额更能体现出激励性特征。

第二个指标选取的是排污费征收金额。市场激励性政策通常是指通过调动企业的自主性从而实现环境污染的治理，企业间排污权的交易便是经典手段之一。这类政策手段通过市场的自由发展来达到减少企业污染排放的目的而不需要过多的政府干预。市场激励型环境政策在实证分析中采用的是排污费征收金额这一数据，数值越高表明政策越严格，这一指标可以反映出市场化交易对污染治理的影响程度。

第三个指标选取的是各省环境类信访件数。公众参与型的环境政策是一种新兴的环境政策，该政策通常由政府将各个企业的环境治理状况和信息进行公开，从而鼓励消费者和银行等利益相关者一起协助对企业的绿色运营进行监管，此外该类政策也包含了国家公民对管理的监督与举报，如环境类信访、电话网络投诉等便是最常见的形式。

三、排污权交易政策

排污权交易（emission trading program）是指在一定区域内，在污染物排放总量不超过允许排放量的前提下，内部各污染源之间通过货币交换的方式相互调剂排污量，从而达到减少排污量、保护环境的目的。它主要思想就是建立合法的污染物排放权利即排污权（这种权利通常以排污许可证的形式表现），并允许这种权利像商品那样被买入和卖出，以此来进行污染物的排放控制。

在各种环境政策中，排污权交易出现最迟，也是目前在学术领域也研究最多的一项环境政策，在它出现之后，学术界便存在很多争议，有的学者认为这种政策是一种未来改善环境的最好政策，但也有的学者认为高额的交易费用会在一定程度上限制这种政策的实施。但随着科学的发展和技术的进步，目前排污权交易政策正成为世界各国解决环境污染问题的重要手段。排污权交易是根据一定的污染物排放量，向各个排污厂商分配排污权，从而有效地满足一个地区特定的总量排放水平或满足一个确定的环境标准，然后准许各个持有排污权的厂商进行交易。建立排污权交易市场的目的是试图给各类环境措施注入更大的灵活性，市场的参与者可以在购买排污权和增加污染治理 R&D 投资之间做出更有利于厂商的选择，甚至厂商还可以加大污染治理 R&D 投资，将更多的排污权出售，实现较好的投资收益。在《京都议定书》的框架，发达国家可以帮助发展中国家完成 CO_2 减排，便是排污权交易思想的一个延伸。排污权交易政策能够提高环境管理者用于治理环境成本的效率，加快环境达标的速度，美国新墨西哥州参议员 Domenici 认为排污权交易是 20 世纪 "80 年代出现的最有希望的设想"。

从经济学角度来看，环境污染泛滥的主要原因是环境污染的外部性，因此，相应的解决对策是使外部性内部化。其中，排污权交易正是内部化的有效手段。排污权交易的本质，是把排污权作为一种商品进行买卖。政府在对排污总量进行控制的前提下，鼓励厂商通过技术进步和污染治理，最大限度地减少污染排放总量。通过给予厂商合法的污染物排放权，允许厂商将其进行污染治理后所获得的污染富余指标进行有偿转让或变更。可见，排污权交易充分考虑到了环境资源的特有性质，运用经济手段对污染物排放进行管理和控制，是一种以市场机制为基础的环境策略。

排污权交易最早产生于美国，是由美国经济学家戴尔斯于 20 世纪 70 年代初提出的。美国最初有关限制污染排放量的法律规定主要集中在技术方面，要求工厂都采用统一的标准来控制污染物的排放，这种技术性的规定很少考虑限制排放的成本，而且是按每一种污染物的特点专门制定，造成在执行中成本过高，从而使法律规定难以贯彻。所以，就产生了在总量控制下可以对个别排污口灵活调整的变通性想法。这种想法付诸实践，最初只限于同一工厂内不同排污口之间的调整，只要总量不增加，厂商可以在排污口之间做出选择。

随着总量控制的范围不断扩大，有的学者提出大胆设想，允许在同一区域内不同工厂之间调整，在此基础上产生了排污权交易的构想。

美国最早将排污权交易的理论用于实践，美国学者戴尔斯于 1968 年最先提出了排污权交易的相关理论。由于二氧化硫产生的危害对于周围环境造成了十分恶劣的影响，美国联邦环保局（EPA）以解决经济发展和环境保护之间矛盾为目标，在不违反《清洁空气法》中所规定的空气质量标准的基础上，经过系统论证和调研提出了排污权交易的思想，同时，提到了"排污减少信用"的概念，之后，美国联邦环保局在此基础上那个又先后制定了银行策略、泡泡策略、结余策略和补偿策略，至此，美国当局制定出了一套详细而周密的排污权交易计划。1986 年美国联邦环保局把泡泡策略应用的范围通过制度手段进一步扩大，同意市场上的各个厂商和部门之间可以相互交换排污交易权，从另一个角度来讲，这种做法给这些厂商和部门在如何选择最小的排污交易费用的决策上提供了有益的借鉴和宝贵的经验。同年，美国发布了排污权交易的正式报告，报告中详细介绍了排污权交易制度的主要内容和基本思想。排污权交易理论的诞生给各国以后在环境治理方面提供了有力的理论基础和实证依据。

四、排污税政策

作为排污收费制度继承者，环境保护税同样秉承着"谁污染谁交税"的原则，即哪个企业向环境排放了污染物，哪个企业就是环境保护税的纳税人，因而所有有关化工、火电类的企业就都成了环境保护税的纳税大户，由此来说，环境保护税的实施对企业的影响不容忽视。

1. 环境保护税的概述

（1）环境保护税的概念

环境污染大量存在的原因在于其可以节省大量的污染物处理成本，从而获得经济利益。环境保护税最早由英国经济学家庇古提出，因此也被称为庇古税，庇古认为环境污染中的私人成本小于社会成本，其会影响社会资源的最优化，解决这一问题的有效方法就是由政府通过一定的手段来进行外部纠正，而收税或者补贴是政府的常用手段，可以通过税收手段增大企业成本，最终达到资源的最佳配置。西方发达国家十分认同这一观点，既然市场经济主体可以从环境污染获得经济利益，那么可以利用税收手段来拉平这一利益差，进而缓解环境的恶化。

《中华人民共和国环境保护税法》规定：在中华人民共和国领域和中华人民共和国管辖的其他海域，直接向环境排放应税污染物的企业事业单位和其他生产经营者为环境保护税的纳税人，应当依照本法规定缴纳环境保护税。环境保护税其实就是一种经济调控措施，即利用收到的税收将环境污染所带来的成本转化成市场价格，其目的就在于间接地改善环境，促进社会可持续发展建设。

（2）环境保护税的主要特征

相较于其他的财政收入来源，税收具有强制性、无偿性和固定性，而环境保护税这一绿色税制服务于整个环保事业，它有着普通税收所不具有的特点：

1）国家宏观调控的重要措施之一就是实施环境保护税，它会使造成环境污染的企业不得不放弃部分经济利益来注重环境保护。

2）不同于其他税收的专家手段，环保税收几乎不能够转移到其他个体或企业中。

3）环境保护税会影响不同的生产要素进而提高企业的经济效率。

4）这一税种一定程度上会提高人们保护环境的积极性，抑制破坏环境的行为。

（3）环境保护税的意义

1）对于企业来说

企业的目的在于盈利，其在环境中排放污染物的初衷就是为了减少生产技术成本。而当环保税法实施后，企业为了减少额外要交的环境保护税，就必须改变生产模式，尽量减少污染物的生产排放，企业不得不进行生产技术以及效益的提升，这样一来，资源能够得到更加有效地利用。因此，环境保护税的开征对于企业而言有着积极的影响。

2）对于消费者来说

税收作为企业生产经营的成本费用之一，表面来看其对企业造成了一定的压力，但是在产品价格可波动的情况下，企业依旧可以通过提高价格转嫁压力，将税收造成的压力交给消费者，最终或将由消费者来承担该税收负担。但是，在商品价格提高后，市场需求同样可能发生变化，消费者会去寻求较为清洁、价格较低的商品来替代，如此一来，环境保护税的开征会在一定程度上影响消费者的消费观，以达到保护环境的目的。

3）对于社会来说

环境保护税对于企业的影响以及对于消费者的影响最终都将体现在社会资源的利用上，可以促进社会资源的有效利用。这同样有利于缩小社会的贫富差距，以及地区间的经济发展差距，促进社会公平。最重要的是，环境保护税的征收也将进一步提高人们的环保意识，使得浪费资源者和污染环境者能够自主减少环境污染，为环境保护事业献力。

2. 环境保护税的影响

（1）对企业的影响

环保税遵循的原则就是谁污染谁交税，这也就意味着少排污可以少交税，这一原则能够有效地提高企业的减排动力。

在实际征税过程中，对于危害程度相同的污染物来说，一般按照多排多缴税来安排，但是污染物的危害程度不可能都一样，这时候就需要建立有差别化的污染量值，即要对那些高污染物多征税。这类政策对于企业的技术水平就有着一定要求，如果企业不进行改良，减少高污染物的排放，那对于企业的经济利益会有很大的影响，以同样排放大气污染物为例，作为高污染物的甲醛要交的环保税是普通烟尘的24倍。再者，根据环境保护税法第十三条的规定，纳税人排放污染物低于规定的 30% 就可减按 75% 来收税；低于 50%，减按 50% 收税。这一征收机制将直接影响企业发展思路，于企业而言，达到节能减排意味着获得经济利益。

鉴于我国刚刚建立绿色税收制度，距离形成一个完整的绿色税收制度体系还有很大的距离，因为我国一直以来就没有所谓的绿色税收，即专门针对环境污染的税种。这就导致环境保护税很可能流于形式，对真正的环境污染问题难以纠正。因此，需要政府增加相应措施以保证环境保护的成功，政府措施与环境保护税共同合力提高保护环境的社会意识，进而强化企业治污减排的责任意识。

（2）对地方的影响

企业对于地方经济来说起的作用不可想象，因此在实际征税时，可能出现偏差。对此，不同于原有的排污费收入由中央分享 10%，环保税采取的办法是将该税收收入全部留给地方财政，将其与地方政府利益直接挂钩，积极调动地方政府的积极性。

再者，环保税在一定程度上是国家定底线，地方可以适当上浮，相当于给予了地方极大的自主权，企业具体收税额的多少完全取决于地方。从大局来说，这就需要地方政府详细全面了解本地区的环境污染物负载能力以及环境污染物排放现状，再对应确定出环保税额。而上浮无限最低保底的政策，从理论上来说可以满足不同地区的实际需求。

事实上各省份也是按照环境保护税法来出台符合本地区的税额标准：环境问题越严重的地区环保税额越大，环境问题较小的地区环保税收额则较低。例如新兴的京津冀地区，其环保问题极为严重，因而税额相对较高，北京市按照国家底线的 10 倍来确定税额，河北省则是采用国家底线的 8 倍税额，环京 13 县污染物的税额也基本都在这一水平。反之，经济发展明显欠缺、环境问题不大的辽宁、吉林、江西、陕西等省份基本执行了最低标准，因为这些地区本身并没有吸引企业来投资的能力，其环境问题大都也不是由企业排放污染物造成，所以实行最低标准在一定上程度可以吸引来企业投资，至于企业投资增加后是否会造成环境污染严重，是否需要提升环保税额的标准，应根据后续具体情况再确定如何采取应对措施。除上述这些税额高低不等的省份外，另有一些存在排放污染物企业的省份采取的是适中税额，例如江苏、四川、云南等省份。

（3）对执法力度的影响

从排污费到现在的环保税，其差别不仅仅是几个字，它是一种从"费"到"税"的转变，这是制度的改变。收费与收税都是政府要求，但是"费"一般带有着商量的意味，其由国家机关或事业单位收取；"税"则不一样，它是国家在行使权利，强制硬性的权利，它比"费"更加刚硬，背后是整个国家机器的一系列处理机制。

在环境保护税尚未实施之前，政府对于企业的排污费的拒不缴纳情况基本是没什么有效办法的，《排污费条例》上对于这些情况的处理并不严厉，就是规定 3 倍以下的罚款、责令停产整顿等措施。但是，出于企业在地方的经济地位，地方政府基本不会按照规定执行，而且在实际执行中这些条例对于企业的威慑力也不是很大。

　　环境保护税的实施一定程度上会引起某些企业的不满，进而出现偷逃税行为，但是"税"与"费"的违法责任相差胜远，有关偷逃税行为的责任不仅在税收征管法中有明确规定，刑法中同样有规定。一旦认定了企业偷逃税，那么其将会面临补缴税款、滞纳金、罚款甚至被追究刑事责任。执法力度的强化，法律责任的加重，都将加大纳税人的违法成本，从而能够更有效地制约其违法行为。

五、土地政策

1. 土地政策参与宏观调控内涵

（1）土地政策概念界定

　　从广义上说，土地政策是指为达到既定的经济社会目标，以调整和处理各种经济社会关系和经济社会利益为核心，并以土地为主要对象，国家立法机构、中央及地方政府和相关部门等制定和实施的有关政策措施和经济、行政手段。土地政策实质是国家对土地资源配置的干预，是国家土地管理的重要手段，任何国家政府总是力图通过土地政策的贯彻实施，实现对土地资源的有效管理；借助土地政策的激励与约束功能，调整人地关系，合理利用与有效保护稀缺的土地资源，以实现可持续发展。土地政策的科学性和可行性，对实现土地宏观调控目标具有决定性意义。

（2）土地政策参与宏观调控内涵界定

　　宏观调控，指的是对国民经济在宏观运行方面通过收入分配、财政金融政策以及产业区域政策等手段进行预期或即期性的控制以及调节，以期达到保证经济稳定增长、收入分配公平和均衡产业结构调整的目的。另外，从职能分配的角度出发，宏观调控属于政府在宏观经济领域的经济职能，同时，在现代市场经济条件下，宏观调控是国家干预经济的一种特定方式。土地政策参与宏观调控，实质上就是政府制定和实施相关土地政策，通过对土地市场的干预来调控宏观经济，以实现国民经济健康、平稳、持续发展的目标。贯穿整个土地政策参与宏观调控的核心思想是：把市场配置作为基础，把土地政策的调控作为核心，把土地的各项指标和监控作为手段，土地政策调控最终效果体现在实际的操作层面，准确及时并准确地建立宏观调控中土地政策的监控体系，其手段是指标的控制，并且要第一时间在力度和方向上对宏观调控作出适当的调整。如图 2-1 所示。

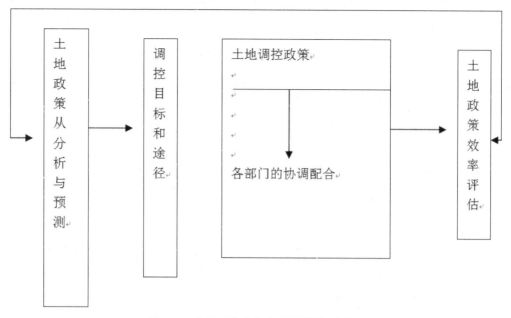

图 2-1 土地政策参与宏观调控机制框架

　　土地政策参与宏观调控的目标，总的来说，应该是政府相关部门制定并实施相应的土地政策，且与宏观调控方面的其他政策相协调，以达到干预土地市场来对宏观经济进行调控的目的，以实现宏观经济长期稳定的增长。也就是说，土地政策参与宏观调控的目标应该和宏观调控的总目标相一致。具体来说，当全国经济可能出现过热时，运用紧缩性的土地政策抑制过热；当经济过冷时，运用扩张性的土地政策刺激经济；当全国经济产业结构、区域结构出现失衡，偏离国民经济的均衡协调发展要求时，通过土地政策调整，使之达到新的均衡和协调。

　　土地政策参与宏观调控的主体无疑是政府。中国土地矿产法律事务中心认为，在现行的国家行政体系和经济体系，以及基本土地制度下，土地调控的主体主要是中央和省（区、市）一级人民政府。中央和省（区、市）一级人民政府不仅肩负着宏观调控的职责，而且具有特定调控政策和实施宏观调控的条件。土地政策参与宏观调控的对象就是市场主体。宏观调控是政府对市场的调控，从社会角度说，没有特定或专指的经济组织、企业单位和社会群体。因为，任何市场活动是由各主体独立实现的，因此，市场主体就成为宏观调控的对象。

　　土地政策参与宏观调控的核心任务是建设用地的供应。国民经济的运行除了总量增长之外，还存在土地结构调整，总量和结构不可分割，所以土地调控除了调控土地总量外还需要对土地供应结构进行调控。而调控的任务主要包括四个方面：对经济增长的调控、对产业结构的调控、对地区经济的调控、对房地产业的调控。

2. 土地政策作为宏观调控手段理论支撑和制度基础

（1）制度基础

我国是市场经济国家，但同时又是社会主义国家，实行与资本主义完全不同的经济制度和政治制度。我国市场经济与任何一个国家的市场经济的实质性区别就是"坚持以公有制为主体，多种所有制经济共同发展"的方针。国有资源特别是土地资源地公有，包括城市土地的国有，是坚持国家基本经济制度的基石和核心，也是整个公有经济发展的保证。土地资源和土地政策都必须平等地对待公有经济和非公有经济，从而有利于或促进非公有经济的发展。

我国的土地制度和管理体制的改革就是以市场经济为取向。为了与我国特有的市场经济制度相适应，在土地政策方面实行与众不同的有偿出让制度，并且建立各种不同形式的土地市场，使土地资源的开发、使用、交流、利益分配等纳入市场经济的轨道。

企业是市场经济的主体，每一个企业都是相对独立的生产经营者和国家财富的创造者。企业都以土地为载体，在市场自由配置下，国家利用土地供应量和土地供应结构等对土地市场进行调控，有利于企业尤其是房地产企业的良性发展。我国的基本土地制度是在中国共产党的领导下，全国人民经过长期的浴血奋战逐步建立和形成起来的，我国的基本土地制度包括，实行城乡土地公有制、土地的有偿使用、建立和完善土地市场、国有土地的收益归国家所有、国家对土地实行统一管理等。基本的土地制度是土地政策参与宏观调控的制度基础。

（2）理论支撑

马克思主义经济学说中的许多理论对土地政策参与宏观调控具有重要的指导意义：如运用社会再生产理论，掌握社会物质生产按比例发展规律，通过合理的土地利用机制促进产业结构的优化；运用市场经济和地租理论，形成合理的地价形成机制，促进土地增值的合理分配。

1）供求均衡理论

马克思劳动价值论体系其中的一个重要的组成部分是供求理论，也是其最终完成。马克思供求理论的重要内容包括供需关系、市场供求与价值、市场供求与价格、市场供求与竞争等问题的展开与论述。

马克思指出，在市场上互相对立的只是两个范畴，买者和卖者、需求和供给。在商品的供求关系上再现了下列关系：①使用价值和交换价值的关系、商品和货币的关系、买者和卖者的关系；②生产者和消费者的关系。尽管二者可以由第三者即商人来代表。马克思强调指出：一方面，耗费在一种社会物品上的社会劳动的总量，即总劳动力中社会用来生产这种物品的部分，也就是这种物品的生产在总生产中所占的数量，另一方面，社会要求用这种物品来满足的需要的规模之间，没有任何必然的联系，而只有偶然的联系。只有在生产受到社会实际的预定的控制的地方，社会才会在用来生产某种物品的社会劳动时间的数量，和由这种物品来满足的社会需要的规模之间，建立起联系来。

而对于土地来说，土地供给指的在一定的技术经济条件下，对人类有用的各种土地资源的数量。由土地供需理论可知，政府可以通过土地政策调控，如调整土地供应结构、提高城市用地集约利用水平等方法来增加土地经济供给，从而实现短期土地供需平衡。根据土地供需均衡理论，在市场机制的作用下，土地供给曲线与土地需求曲线共同决定着土地市场的均衡价格与均衡数量。但由于土地的自然供给无弹性，也就决定了在市场规律作用下的土地供不应求是必然的。但如果单纯依靠市场机制的调节，农用地将会不断地转化为建设用地，建设用地的经济供给将同步增加，土地的供需均衡将难以实现。

如图 2-2 所示，土地作为一种重要的生产要素，其需求在性质上相对于其他方面的需求来讲是一种引致需求，其需求是由土地产品市场的供求状况所决定的，是产品市场决定土地市场而不是相反。房地产企业作为土地的最大需求者，在市场机制作用下的土地供给与需求，需要政府实施土地政策来调控，使得土地供需均衡最终得以实现，使房地产企业良性运行。

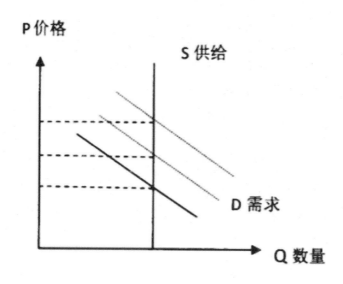

图 2-2　土地供需平衡模型

2）地租理论

土地具有价格，并以地租形式表现出来，在市场经济条件下，地租具有调节生产与交换的经济作用，级差地租存在引发的土地资产价值变化是导致宏观经济不平稳的内在原因。在社会生产的物质运动和价值运动中，通过地租杠杆，控制土地利用，加强土地资源管理，合理分配土地收益，有效调节资本在不同级差土地以及部门和产业间的合理流动，并调控生产要素的配置以及调节生产、交换与消费的关系，进而实现对社会经济发展的宏观调控。

总的来说，地租的作用就是保证平均利润率对经济生产活动的规律调节。在我国，城市土地属国家所有，地租的关系反映着国家和投资者的分配关系，房地产企业作为土地的最大投资者，国家通过地租杠杆，可以对房地产企业中土地的合理流动就行有效的监管，保证房地产企业乃至国民经济的稳定发展。

3）价格机制理论

经济学的研究核心是市场机制，而市场机制的核心是价格机制。现代微观经济学的基础是马歇尔的价格均衡理论，这一理论的提出统一了古典价格形成机制理论的纷争，与此同时，也是完全竞争的新古典价格机制理论建立的标志。在竞争的过程中，市场价格与供需双方既有相互联系也有相互制约，在这种前提下形成的运行机制可以定义为价格机制理论。在现有的市场经济制度的条件下，价格机制包括价格形成机制、价格运行机制与价格调节机制三个方面的内容。

土地价格机制在形成上，与一般的商品相比较，在有其自身特殊性存在的同时，也兼具一般商品价格机制皆有的共性。一方面土地价格的形成也受到土地供求双方力量的影响，如果人们对土地的需求增大，将会推高地价，这在我国城市化、工业化过程中表现为常态，而政府对土地价格的调整又会影响到土地的供求的变化。另一方面，土地作为一种生产要素，和其他商品相比属于稀缺资源，土地价格的形成与其他商品不同。一般商品的价格是由其成本与供求关系决定，而土地是一种自然资源，其形成并不是人力所为，故其无所谓成本，这对城市建设用地来说更是如此。所以土地的价格决定于供求关系。

由于土地的使用是房地产企业发展的基本要素，受到土地供应量和土地价格的双重影响，所以在房地产企业发展的过程中，必须兼顾土地价格的影响因素。在我国现行的土地制度下，房地产企业的土地主要是由农用地转化为集体建设用地，然后由政府征收，转化为国有建设用地，再通过"招拍挂"等手段出让给房地产企业开发，这个过程涉及了农地转用价格，征地价格和出让价格。

4）资源依赖理论

从企业的角度出发，资源可以定义为其所能够控制和能够使之选择运用的，具有提高组织效率以及效力的包括资产、资本、知识信息和流程在内的全部战略性有形和无形的物质基础。组织对外部环境形成的依赖是出于其为了获取资源的需求。另外，组织依赖性的本质和范围则是由资源的稀缺性及重要性决定的。

资源依赖理论的核心内容有以下三点：①简单来说，组织可以定义为由内部和外部共同形成的综合体。②由于环境中所包含的对于组织的生存具有一定价值但相对稀缺的资源，所以在获取资源方面，组织会有一定程度的不确定性。这种不确定性可以理解为组织从其他组织那里获得对自身有用处的资源地一定程度上的多变性与困难程度。③组织的工作和环境之间包括以下两个目标：在获取对相关资源控制的同时，能够有效减少对他人在一定程度上的依赖；在获取对相关资源控制的同时，能有效提高他人对自己在一定程度和一定范围的依赖。

第三章 土壤污染的显著特点和危害

第一节 土地污染的概念与特征

土壤污染是指人类活动产生的污染物进入土壤并累积到一定程度，引起土壤的组成、结构和功能发生变化，有害物质通过"土壤→植物→人体"，或通过"土壤→水→人体"间接被人体吸收，危害人体健康的现象，土壤污染具备四大特性。

一、土地污染的概念

1. 土壤污染的基本概念

土壤环境问题一般是指由于人为或自然原因，导致土壤退化问题，包括土壤侵蚀、水土流失、土地沙漠化、土壤盐碱化、土壤贫瘠化及土壤污染等。关于土壤环境质量问题关注的重点在于土壤污染问题。土壤污染是指自然或人类活动的因素，使土壤中某种元素或化合物增加或减少，超出了土壤自我修复与自我更新能力，导致土壤质量下降，并对人的健康和生态产生不利的影响。按此认识，称为土壤污染应同时具有以下两个条件：①人类活动引起的外源污染物进入土壤；②导致土壤环境质量下降，而有害于受体如生物、水体、空气或人体健康。并且这个过程是由量变到质变的发展过程，发生质变时的污染物浓度是其危害的临界值，也就是土壤污染临界。

2. 评价指标

目前常用环境评价指标主要有土壤环境背景上限值的评价指标、土壤环境评价的相关国家指标参考、土壤污染临界值的土壤污染的评价指标等。

（1）土壤环境背景上限值的评价指标

土壤环境背景上限值是指：土壤在原始状态下或土壤没有污染时土壤污染数值，在进行土壤污染控制过程中，可以对该数值进行人为调整，以避免土壤曾经可能出现的污染情况。具体来说，在进行土壤环境背景上限调查时，要对土壤中所蕴含的酸性情况、碱性情况、有机物含量、重金属含量进行严格的监测，并在进行土壤污染数值的控制之前，对于土壤环境背景上限值进行调查设计。

（2）土壤环境评价的相关国家指标参考

国家指标参考应用于土壤环境评价中，我们要对相关的国家指标进行一定的控制，以确保我们采用国家参考指标能准确地反映出土壤中所蕴含的酸性情况、碱性情况、有机物含量、重金属含量等。也就是说在采用国家参考指标时，要对检验数值的准确性与合理性进行分析，防止由于检测过程中由于人为原因，导致最终结果不能反映土壤的实际状态，从而影响所得结果的准确性。

（3）土壤污染临界值的土壤污染的评价指标

在进行土壤污染临界值的土壤污染的评价指标研究过程中，要进行对土壤承载能力的真实考核。总的来说就是对土壤周边的环境进行调查分析，我们要严格按照规范操作，对土壤中某种元素变化比较大的地方进行分析，舍弃不合理的结果，对土壤中各种元素含量进行有效控制。同时我们既要保证所得土壤污染临界值的合理性，还要与土壤环境中实际有机物含量有机地融合在一起。为后续的土壤污染解决过程提供足够的参考建议。

二、土地污染的特征

1. 土壤环境污染的基本特点

土壤环境的多介质、多界面、多组分以及非均一性和复杂多变的特点，决定了土壤环境污染具有区别于大气环境污染和水环境污染的特点（如表3-1）。

表 3-1　土壤污染的特性

特性	内容
隐蔽滞后性	土壤从产生污染到问题出现，常需要经历较长时间，并有滞后性。通常对土壤样品进行分析化验和农作物残留检测，甚至通过研究人畜健康才能确定污染问题及程度
累积性	污染物在土壤中不像在大气和水体中易于扩散和稀释，也不易降解，在土壤中不断累积而超标；且具有很强的地域差异
不可逆转性	污染物在土壤中是不可逆转的过程，尤其是重金属污染，有机化学物质也需要较长的时间才能降解
难治性	引起不可逆及累积特点，治理污染土壤成本高、治理周期长，又有明显的隐蔽性和滞后性导致土壤污染的治理难度巨大

（1）土壤污染的隐蔽性

土壤污染具有隐蔽性，因为各种有害物质在土壤中总是与土壤相结合，有的有害物质被土壤生物所分解或吸收，从而改变了其本来性质和特征，它们可被隐藏在土壤中或者以难于被识别、发现的形式从土壤中排出。当土壤将有害物质输送给农作物，再通过食物链而损害人畜健康时，土壤本身可能还会继续保持其生产能力。土壤对机体健康产生危害以慢性、间接危害为主（如图3-1）。

图 3-1

（2）累积性与地域性

1）土壤的累积性表现为土壤对污染物进行吸附、固定，其中也包括植物吸收，从而使污染物聚集于土壤中。特别是重金属和放射性元素都能与土壤有机质或矿物质相结合，并且长久地保存在土壤中，无论它们如何转化，也很难重新离开土壤，成为顽固的环境污染问题。

2）污染物在土壤环境中并不像在大气和水体中那样容易扩散和稀释，因此容易不断积累而达到很高的浓度，从而使土壤环境污染具有很强的地域性特点。

（3）不可逆转性

难降解污染物积累在土壤环境中则很难靠稀释作用和自净化作用来消除。重金属污染物对土壤环境的污染基本上是一个不可逆转的过程。同样，许多有机化合物对土壤环境的污染也需要较长的时间才能降解，尤其是那些持久性有机污染物不仅在土壤环境中很难被降解，而且可能产生毒性较大的中间产物。例如，"六六六"和DDT在我国已禁用20多年，但至今仍然能从土壤环境中检出，就是由于其中的有机氯非常难于降解。

（4）治理周期长

土壤环境一旦被污染，仅仅依靠切断污染源的方法往往很难自我修复，如被某些重金属污染的土壤可能要 100 ~ 200 年时间才能够恢复。必须采用各种有效的治理技术才能消除现实污染。

2. 土壤污染源

土壤是一个开放体系，土壤与其他环境要素间进行着不间断的物质和能量的交换。因而造成土壤污染的物质来源是极为广泛的，有天然污染源，也有人为污染源。按照污染物进入土壤的途径，可将土壤污染源分为以下几类。

（1）农业污染源

农业污染源主要是指出于农业生产自身的需要而施入土壤的化肥、化学农药，以及其他农用化学品和残留于土壤中的农用地膜等。相对于工业污染源，农业生产过程排放的污染物具有剂量低、面积大等特点，属于非点源污染（如图3-2）。

图 3-2

（2）工业污染源

　　工业污染源是指工矿企业排放的废水、废气和废渣等，是土壤环境中污染物最重要的来源之一，该类污染源对土壤环境系统带来的污染可以是直接的，也可以是间接的。工业"三废"在陆地环境中的堆积以及不合理处置直接引起周边土壤中污染物的累积，进而引起动物、植物等生物体内污染物的累积。此外工业废气中的污染物也可以随着大气飘尘降落地面，对土壤环境造成二次污染（如图3-3）。

图 3-3

（3）生活污染源

　　人粪尿及畜禽排出的废物，这些废物含有致病的各种病菌和寄生虫，也会产生严重的土壤和水体污染问题。将这种未经处理的肥源施于土壤，会引起土壤严重的生物污染。

　　城市垃圾及电子垃圾的不合理处置是居民生活引起土壤污染的另一个主要途径。由于这些垃圾中成分复杂，有害物质含量多，如果未经合理处理，有害物质就可进入环境，会严重污染土壤和水源，进而危害人体健康（如图3-4）。

图3-4

（4）交通污染源

交通工具对土壤的污染主要体现为汽车尾气中的各种有毒有害物质通过大气沉降造成对土壤的二次污染，以及事故排放所造成的污染。

1）重金属污染，公路、铁路两侧土壤中的重金属污染，主要是 Pb、Zn、Cd、Cr、Co、Cu 的污染为主。它们来自于含铅汽油的燃烧，汽车轮胎磨损产生的含锌粉尘等，它们成条带状分布，以公路、铁路为轴向两侧重金属污染强度逐渐减弱，目前，随着无铅汽油的推广使用，交通工具尾气中的重金属等污染物明显减少（如图3-5）。

图3-5

2）有机物污染，由于交通工具数量的急剧增加，尾气排放总量明显增加，由汽车尾气排放引起的石油烃等有机污染对土壤环境污染问题也愈显突出（如图3-6）。

图 3-6

（5）灾害污染源

1）自然灾害，如强烈火山喷发区的土壤、富含某些重金属或放射性元素的矿床附近地区的土壤，由于含矿物质（岩石、矿物）的风化分解和播散，可使有关元素在自然力的作用下向土壤中迁移，引起土壤污染（如图3-7）。

图 3-7

2）战争灾害，战争灾害对战区的生态环境造成了严重影响，如：贫铀弹含放射性的爆炸物和空气中灰尘的沉降引起土壤的污染，土壤中的放射性铀和分散在植物叶面上的放射性物质可能被植物吸收，人或动物食用这类植物后可能造成再次污染；越战中美军大量使用的橙色落叶剂（orange agent），含有大量二噁英至今仍严重影响着越南的土壤环境（如图3-8）。

图 3-8

3. 各种污染物污染土壤的方式

（1）气型污染

是由大气中污染物沉降至地面而污染土壤。主要污染物有铅、镉、砷、氟，以及大气中的硫化物和氮氧化物形成酸雨降至土壤，使土壤酸化；同时还包括汽车废气对土壤的污染。气型污染的分布特点和范围受大气污染源性质、气象因素的影响。

（2）水型污染

主要是工业废水和生活污水通过污水灌溉而污染土壤，灌区土壤中污染物的浓度分布特点是进水口附近土壤中的浓度高于出水口处，污染物一般多分布于较浅的耕作层，水型污染在渗水性强、地下水位高的地方容易污染地下水；污水灌溉的农田中有些农作物大量吸收富集某些有害物质，甚至可引起食用者中毒。

（3）固体废弃物型污染

包括生产生活的固体废弃物对土壤的污染，其特点是污染范围比较局限和固定，有些重金属和放射性废弃物污染土壤，持续时间长，不易自净，影响长久。

第二节　土壤污染的现状

我国土壤环境污染现状主要涉及到以下方面具体内容：经济的发展和人们生活水平的提高推动了各行业的发展，生产活动和生活活动加大了对环境资源的利用，但是人们在使用各种环境资源的过程中，只追求眼前的经济利益，忽视了对环境的保护，导致环境污染问题越来越严重，特别是在工业发展速度和规模爆发式发展的情况下，土壤环境的污染日益严重，废水、废渣的随意排放严重污染了土壤环境，影响了农业和林业的生产。

根据相关调研研究发现，我国大部分农业用地中重金属及其他污染物含量均超出土壤自身的降解能力，存在严重超标的问题。我国是农业大国也是人口大国，人均农业用地低于世界平均人口占有量，越来越严重的土壤环境污染加剧了农业生产和人口众多的矛盾，尤其是大量化肥和农药的使用在增加产量的同时也加重了土壤环境污染，破坏了土壤微生物群落生存环境，土壤理化性质受到影响，导致土壤板结。如此恶性循环，土壤环境恶化就会进一步加剧，这样的土地种植出的作物会直接影响人们的身体健康。

一、全国土壤环境状况总体不容乐观

全国土壤总的点位超标率为 16.1%，其中轻微、轻度、中度和重度污染点位比例分别为 11.2%、2.3%、1.5% 和 1.1%。污染类型以无机型为主，有机型次之，复合型污染比重较小，无机污染物超标点位数占全部超标点位的 82.8%。从污染分布情况看，南方土壤污染重于北方；长江三角洲、珠江三角洲、东北老工业基地等部分区域土壤污染问题较为突出，西南、中南地区土壤重金属超标范围较大；镉、汞、砷、铅 4 种无机污染物含量分布呈现从西北到东南、从东北到西南方向逐渐升高的态势。镉、汞、砷、铜、铅、铬、锌、镍 8 种无机污染物点位超标率分别为 7.0%、1.6%、2.7%、2.1%、1.5%、1.1%、0.9%、4.8%。六六六、滴滴涕、多环芳烃 3 类有机污染物点位超标率分别为 0.5%、1.9%、1.4%。

二、耕地土壤环境质量堪忧

耕地土壤点位超标率为 19.4%，其中轻微、轻度、中度和重度污染点位比例分别为 13.7%、2.8%、1.8% 和 1.1%，主要污染物为镉、镍、铜、砷、汞、铅、滴滴涕和多环芳烃。林地土壤点位超标率为 10.0%，其中轻微、轻度、中度和重度污染点位比例分别为 5.9%、1.6%、1.2% 和 1.3%，主要污染物为砷、镉、六六六和滴滴涕。草地土壤点位超标率为 10.4%，其中轻微、轻度、中度和重度污染点位比例分别为 7.6%、1.2%、0.9% 和 0.7%，主要污染物为镍、镉和砷。未利用地土壤点位超标率为 11.4%，其中轻微、轻度、中度和重度污染点位比例分别为 8.4%、1.1%、0.9% 和 1.0%，主要污染物为镍和镉。

三、工矿业废弃地土壤环境问题突出

在调查的 690 家重污染企业用地及周边的 5846 个土壤点位中，超标点位占 36.3%，主要涉及黑色金属、有色金属、皮革制品、造纸、石油煤炭、化工医药、化纤橡塑、矿物制品、金属制品和电力等行业。在调查的 81 块工业废弃地的 775 个土壤点位中，超标点位占 34.9%，主要污染物为锌、汞、铅、铬、砷和多环芳烃，主要涉及化工业、矿业、冶金业等行业。在调查的 146 家工业园区的 2523 个土壤点位中，超标点位占 29.4%。其中，金属冶炼类工业园区及其周边土壤主要污染物为镉、铅、铜、砷和锌，化工类园区及周边土壤的主要污染物为多环芳烃。在调查的 188 处固体废物处理处置场地的 1351 个土壤点位中，超标点位占 21.3%，以无机污染为主，垃圾焚烧和填埋场有机污染严重。在调查的 13 个采油区的 494 个土壤点位中，超标点位占 23.6%，主要污染物为石油烃和多环芳烃。

在调查的 70 个矿区的 1672 个土壤点位中，超标点位占 33.4%，主要污染物为镉、铅、砷和多环芳烃。有色金属矿区周边土壤镉、砷、铅等污染较为严重。在调查的 55 个污水灌溉区中，有 39 个存在土壤污染。在 1378 个土壤点位中，超标点位占 26.4%，主要污染物为镉、砷和多环芳烃。在调查的 267 条干线公路两侧的 1578 个土壤点位中，超标点位占 20.3%，主要污染物为铅、锌、砷和多环芳烃，一般集中在公路两侧 150 米范围内。

中国土壤污染已对土地资源可持续利用与农产品生态安全构成威胁。全国受有机污染物污染的农田已达 3600 万公顷，污染物类型包括石油类、多环芳烃、农药、有机氯等；因油田开采造成的严重石油污染土地面积达 1 万公顷，石油炼化企业也使大面积土地受到污染；在沈抚石油污水灌区，表层和底层土壤多环芳烃含量均超过 600mg/kg，造成农作物和地下水的严重污染。全国受重金属污染土地达 2000 万公顷，其中严重污染土地超过 70 万公顷，其中 13 万公顷土地因镉含量超标而被迫弃耕。

第三节　土壤污染的成因与危害

凡是进入土壤并影响到土壤的理化性质和组成物而导致土壤的自然功能失调、土壤质量恶化的物质，统称为土壤污染物。土壤污染物的种类繁多，既有化学污染物也有物理污染物、生物污染物和放射污染物等，其中以土壤的化学污染物最为普遍、严重和复杂。按污染物的性质一般可分为四类：即有机污染物、重金属、放射性元素和病原微生物。

一、有机污染物

土壤有机污染物主要是化学农药。目前大量使用的化学农药约有 50 多种，其中主要包括有机磷农药、有机氯农药、氨基甲酸酶类、苯氧羧酸类、苯酚、胺类等。此外，石油、多环芳烃、多氯联苯、甲烷、有害微生物等，也是土壤中常见的有机污染物。

1. 土壤有机污染物有哪些

土壤是指陆地表面具有肥力、能够生长植物的疏松表层，其厚度一般在 2 m 左右。土壤不但为植物生长提供机械支撑能力，并能为植物生长发育提供所需要的水、肥、气、热等肥力要素。那么土壤有机污染物有哪些呢？

（1）污水排放

生活污水和工业废水中，含有氮、磷、钾等许多植物所需的养分，所以合理地使用污水灌溉农田，一般有增产效果。但污水中还含有重金属、酚、氰化物等许多有毒有害的物质，如果污水没有经过必要的处理而直接用于农田灌溉，会将污水中有毒有害的物质带至农田，污染土壤。例如冶炼、电镀、燃料、汞化物等工业废水能引起镉、汞、铬、铜等重金属污染；石油化工、肥料、农药等工业废水会引起酚、三氯乙醛、农药等有机物的污染。

（2）废气

大气中的有害气体主要是工业中排出的有毒废气，它的污染面大，会对土壤造成严重污染。工业废气的污染大致分为两类：气体污染，如二氧化硫、氟化物、臭氧、氮氧化物、碳氢化合物等；气溶胶污染，如粉尘、烟尘等固体粒子及烟雾，雾气等液体粒子，它们通过沉降或降水进入土壤，造成污染。例如，有色金属冶炼厂排出的废气中含有铬、铅、铜、镉等重金属，对附近的土壤造成污染；生产磷肥、氟化物的工厂会对附近的土壤造成粉尘污染和氟污染。

（3）化肥

施用化肥是农业增产的重要措施，但不合理的使用，也会引起土壤污染。长期大量使用氮肥，会破坏土壤结构，造成土壤板结，生物学性质恶化，影响农作物的产量和质量。过量地使用硝态氮肥，会使饲料作物含有过多的硝酸盐，妨碍牲畜体内氧的输送，使其患病，严重地导致死亡。

（4）农药

农药能防治病、虫、草害，如果使用得当，可保证作物的增产，但它是一类危害性很大的土壤污染物，使用不当，会引起土壤污染。喷施于作物体上的农药（粉剂、水剂、乳液等），除部分被植物吸收或逸入大气外，约有一半左右散落于农田，这一部分农药与直接施用于田间的农药（如拌种消毒剂、地下害虫熏蒸剂和杀虫剂等）构成农田土壤中农药的基本来源。农作物从土壤中吸收农药，在根、茎、叶、果实和种子中积累，通过食物、饲料危害人体和牲畜的健康。此外，农药在杀虫、防病的同时，也使有益于农业的微生物、昆虫、鸟类遭到伤害，破坏了生态系统，使农作物遭受间接损失。

（5）固体污染

工业废物和城市垃圾是土壤的固体污染物。例如，各种农用塑料薄膜作为大棚、地膜覆盖物被广泛使用，如果管理、回收不善，大量残膜碎片散落田间，会造成农田"白色污染"。这样的固体污染物既不易蒸发、挥发，也不易被土壤微生物分解，是一种长期滞留土壤的污染物。

2.土壤有机污染物的危害

土壤有机污染主要包括化学农药污染、焦化类有机污染物污染及石油类有机污染物污染等。喷施于农作物上的农药，除部分被植物吸收或逸入大气外，约有一半散落在农田土壤中。农作物从土壤中吸收农药，在植物根、茎、叶、果实和种子中积累，通过食物链进入人体。受污染的粮食、蔬菜随食物进入人体后，会导致倦乏、头疼、食欲不振等症状，还会降低人体免疫力、危害神经中枢、诱发肝脏酶的改变以及致畸、致癌等。

多环芳烃是焦化类工业场地土壤中最常见的有机污染物，包括萘、蒽、菲、芘等150余种化合物。多环芳烃具有致癌、致畸和致突变性，且其毒性随着苯环的增加而增加。目前已知的500多种致癌化合物中，有200多种是多环芳烃及其衍生物。其中，苯并芘、蒽等具有强致癌性。多环芳烃很容易吸附在土壤颗粒上，并通过消化道、呼吸道、皮肤进入人体，从而诱发皮肤癌、肺癌、直肠癌、膀胱癌等。

石油类物质渗入土壤的量超过土壤的自净容量后，积累的油类物质将长期残留于其中，破坏土壤结构、影响土壤通透性；还会黏着在植物根系上，阻碍植物根系对养分和水分的吸收，引起根系腐烂，影响农作物生长或者穿透到植物组织内部，破坏植物正常生理机能，严重影响土壤的生产力和农作物产量。石油中的苯、甲苯、二甲苯等单环芳烃危害较大，其急性中毒主要作用于人体神经系统，慢性中毒主要作用于造血组织和神经系统。如果较长时间与较大浓度污染物接触，还会引起恶心、头疼、眩晕等症状。

二、重金属

使用含有重金属的废水进行灌溉是重金属进入土壤的一个重要途径。重金属进入土壤的另一条途径是随大气沉降落入土壤。重金属主要有汞、镉、铜、锌、铬、镍、钴等。由于重金属不能被微生物分解，而且可为生物富集，土壤一旦被重金属污染，其自然净化过程和人工治理都是非常困难的。此外，重金属可以被生物富集，因而对人类有较大的潜在危害。

城市是人类社会经济发展的必然产物。从18世纪以来人口不断向城市集中。如今随着各国工业迅猛增长，社会经济飞速发展，城市的数目和规模均不断扩大。而城市环境是一个以人为中心的城市经济、社会生态的复合生态系统。目前，城市人口剧增，人类活动频繁污染治理，使得土壤重金属污染影响着城市的可持续性发展。所以，建设一个绿色健康的城市环境是城市可持续发展的必然方向。

1. 土壤重金属污染的现状

（1）土壤重金属污染的空间分布特征

由于城市土壤受人类各种活动的强烈影响，因此其重金属污染分布也呈现出显着的空间差异。一般地，人口聚集的城市中心区域土壤重金属含量明显高于郊区和农田。对纽约市"市区 – 郊区 – 农区"土壤研究发现，重金属离子总量、重金属离子多样性等随着距市中心距离的增加而降低，重要污染重金属 Pb、Cu、Ni、Cr 的含量下降非常明显。

在城市不同的功能区重金属污染治理，重金属分布呈现出一定的规律性。一般的规律表现为：Pb 的浓度为老工业区 > 老居民区 > 商业区 > 开发区 > 其它；Zn 的浓度为老居民区 > 商业区 > 老工业区 > 其它；Cu 的浓度为老居民区 > 商业区 > 其它；Cd 的浓度为老工业区 > 老居民区 > 其它。

城市公园是人们与土壤直接接触较多的特殊区域。北京城区三十多个公园土壤 Pb 质量分数调查表明，尽管大多数公园重金属土壤污染程度轻，但客流量大的故宫、颐和园等著名公园重金属污染指数却远远高于其他公园。

城市土壤重金属污染的另一特征是公路两侧一般为城市土壤重金属污染最严重的地带，且重金属呈明显的带状分布。在 50m ~ 80m 内公路两侧土壤中铅污染相当严重，100m 外土壤中的铅含量没有明显增加。

此外，建筑物的建设、垃圾的堆积填埋等严重破坏了自然土壤结构，土壤层次凌乱，重金属在其垂直剖面方向分布变异较大，不同功能区重金属元素在土壤中各层的聚集状况没有规律可循。

（2）城市土壤重金属污染的来源

矿产冶炼加工、电镀、塑料、电池、化工等行业是排放重金属污染的主要工业源，其排放的重金属可以气溶胶形式进入到大气，经过干湿沉降进入土壤；另一方面重金属污染治理，含有重金属的工业废渣随意堆放或直接混入土壤，潜在地危害着土壤环境。随着城市化发展，大量污染企业搬出城区，原有的企业污染用地成为城市土壤重金属污染的突出问题。

燃煤释放也是土壤重金属重要来源之一，虽然近些年燃料使用及供暖方式的改变已明显改善这些城市的空气污染状况，但过去燃煤释放并已沉降至城市土壤中的重金属对城市生态系统、环境及人体健康仍会产生长期效应。

随着城市化发展，交通工具的数量急剧增加，汽车轮胎及排放的废气中含有 Pb、Zn、Cu 等多种重金属元素，进入周围的土壤环境污染治理，成为土壤重金属污染的主要来源之一。此外，雨水淋洗也会使市区内堆放的垃圾中的重金属污染以有效态形式渗漏释放到土壤中，使城市土壤局部重金属含量增加。而表生条件下以有效态形式存在的金属元素几乎不可能再结合为残渣态，重金属在土壤中迁移能力增加，进而重金属污染进入地下水。

2. 土壤重金属污染影响人体健康的途径

城市郊区是市区蔬菜的主要供应基地。因此，土壤 – 蔬菜系统是城市人群暴露土壤重金属污染的主要途径之一。目前研究发现中国城郊菜地土壤已受到不同程度的重金属污染，其供应的许多蔬菜中重金属含量已超过相应的标准。

城区内，土壤中主要种植的是观赏性或净化空气的植物，通过土壤 – 植物食物链对人体造成健康危害的可能性不大。但公园土壤与游人皮肤接触、儿童摄取、风起扬尘被人体直接吸入等成为城市土壤直接接触人体危害健康的又一个主要途径。研究发现沙尘暴时，扬尘中来源于土壤的重金属元素 Pb、Zn、Cd、Cu 等的浓度比平常高出 3-12 倍，可吸入颗粒物的质量浓度极高污染治理，人体吸入重金属的量因此增加。

三、放射性元素

放射性元素主要来源于大气层核试验的沉降物，以及原子能和平利用过程中所排放的各种废气、废水和废渣。含有放射性元素的物质不可避免地随自然沉降、雨水冲刷和废弃物的堆放而污染土壤。土壤一旦被放射性物质污染就难自行消除，只能自然衰变为稳定元素，而消除其放射性。放射性元素可通过食物链进入人体。

1. 土壤放射性核素的来源

（1）成土母质

"原生放射性核素"指的是在地球形成期间出现的原子序数大于83的放射性核素，这些放射性核素一般分为铀系、钍系和锕系三个系列，它们通过放射性衰变，产生大量 α、β 和 γ 射线，对地球环境产生强烈的影响。其中具有足够长半衰期，以致至今仍能探测到，并意义重大的有 40K、238U 和 232Th。铀和钍还能通过衰变产生一系列的放射性子代系列。这些放射性核素广泛地存在于自然界中，并主要贮存于岩石圈中。研究表明地壳中的岩石大部分都含有铀和钍，238U、232Th 含量以岩浆岩最高，变质岩次之，沉积岩最低；40K 含量也以岩浆岩为最高，但以变质岩最低。其中花岗岩中 238U、232Th 含量较高，而我国花岗岩出露广泛，这是我国土壤中天然放射性核素含量较高的原因之一。

（2）核能利用

1）核爆炸

核爆炸所产生的放射性落下灰是迄今土壤环境的主要放射性污染源，对生物圈影响深远。核爆炸时大约有170种放射性同位素被带到对流层中，其中主要是 U 和 Pu 的裂变产物。它们首先会对其爆炸中心周围的土壤产生较大影响，进而在风和降水的作用下在全球范围内重新分布，沉积到土壤环境中造成放射性污染。

2）核工业

核能生产包括铀矿开采、矿石加工、铀燃料生产、反应堆动力生产、放射性物质的运输和废物处置等一系列工业流程，所有这些环节都有可能造成环境的放射性污染。

（3）磷钾肥的使用

化肥中的磷肥和钾肥都不同程度地程度的含有放射性核素，因此，施用化肥可能会引起环境放射性增加。尽管如此，许多研究资料报道含钾磷肥料的使用短期内不会对农田、环境造成明显污染。据王少仁研究，由于土壤有机质能够对总 α、β 造成屏蔽作用，在使用含钾磷肥料时，土壤有机质提高，甚至出现了土壤 α、β 减弱的现象。然而由于农业生产中需要大量的化肥，长期使用还是会对农业生态系统产生影响。

（4）煤炭物质的使用

燃煤及燃煤发电厂也是环境中放射性核素增加原因之一。煤在形成过程中经过复杂的物理化学和地质作用，不同程度的伴生有 40K、238U、226Ra、230Pb、232Th 等天然放射性核素。据吴锦海等研究表明，煤燃烧后放射性物质在煤灰中浓集，其中总 α 比放射性为原煤的 3 ~ 15 倍，238U 为 2 ~ 4 倍，232Th 为 3 ~ 10 倍。如今，燃煤电厂排泄堆放的煤灰渣已成为城市一个潜在的核污染隐患。

（5）放射性同位素的生产和应用

随着放射性同位素在工业、农业、医学和科研等方面的广泛使用，其产生的放射性废物种类和数目越来越大。其中在医学上应用产生的核素较多，主要是 198Au、131I、32P 等。

2. 土壤放射性污染对人体健康的影响

土壤中的放射性物质可能通过呼吸土壤尘由呼吸道进入人体，也可通过接触污染土壤由皮肤、口腔进入人体，还可通过食物链经消化道进入人体。放射性物质进入人体后，使受害者头昏、疲乏无力、脱发、白细胞减少或增多，发生癌变等。此外，长寿命的放射性核素由于衰变周期长，一旦进入人体，其通过放射性裂变产生的 α、β、γ 射线，将对机体产生持续的照射使机体的一些组织细胞遭受破坏或变异。

四、病原微生物

土壤中的病原微生物，主要包括病原菌和病毒等。来源于人畜的粪便及用于灌溉的污水（未经处理的生活污水，特别是医院污水）。人类若直接接触含有病原微生物的土壤，可能会对健康带来影响；若食用被土壤污染的蔬菜、水果等则间接受到污染。

第四章　企业投资决策及其选择行为

第一节　企业投资决策概述

我国加入 WTO 后，国营企业、民营企业、外资企业在统一的国民待遇的平台上竞争，这给企业的快速发展创造了新的机遇，同时企业自身的弱点也将阻碍其发展。因此，在今后市场激烈的竞争中，企业要严格地遵守国际惯例和规则，这就要求民企业的管理者们尽快熟悉和适应这种环境，尽快在投资决策方面与国际接轨，从而提高企业自身的核心竞争能力。

一、企业投资决策的概念及作用

1. 企业投资的概念

企业作为投资主体为了实现其预期的目标，在一定的条件下，利用可支配的资金或资本，不断吸取科学成就，获得或创造用于生产经营活动之资源的经济行为称之为企业投资。

2. 企业投资的作用

（1）企业投资是企业生产、存在和发展壮大的直接动力

当企业诞生后，若没有企业投资的增加，这个企业就会丧失竞争能力，就会被其他企业挤出市场，从而走向灭亡。因此企业要想生存和发展，就要不断地进行投资，提高其核心的竞争能力；

（2）企业投资是企业调整产品方向和产品生产结构的物质保证力量

企业投资方向的选择将决定企业投资形成的生产能力效应的性质和特点，最终决定企业产品方向和产品结构的变化，而这种产品方向和结构变化的形成需要投资来保证；

（3）企业投资对宏观经济发展、社会政治稳定有积极的巨大的影响。企业的投资效益好，一方面意味着企业投资为宏观经济的增长和发展作出了积极的贡献；另一方面说明企业稳定发展，人民的物质文化生活水平就会有较大的提高，社会政治就会稳定。近几年我国固定资产投资逐年的增加，尤其是民营企业投资的快速增长，对于拉动我国的内需，促进国民经济持续、稳定的增长就充分说明了这一点。

3. 企业投资决策

企业投资决策是企业对投资的必要性，投资目标、投资规模、投资方向、投资结构、筹资方式、投资成本与收益等投资活动中的重大问题所进行的分析、判断和选择。其目的是努力地谋求在一定环境条件下，用尽可能小的投资成本实现投资预期目标的过程。

二、企业投资方向的确定

1. 何为企业投资方向

所谓企业投资方向，就是企业围绕其自身投资动因，而使其投资要素进入的特定的生产或服务领域。确定企业投资方向的问题，也就是确定企业究竟在哪个生产经营范围内进行投资，为形成何种生产或服务能力而分配运用其经济资源的问题。

在企业投资决策权充分的条件下，企业投资的经济领域是相当广阔的。它既可以围绕着扩大原有生产经营内容的目的，循着其既有的生产经营方向进行增量投资或存量资本改造性投资，也可以在本行业内甚至跨出本行业进行新生产经营内容的投资；而不同的投资方向的确定，对于企业投资的效益来说会大不相同。

2. 企业投资方向的类型

就主要情形而言，企业可能的投资方向有以下几种类型

（1）不改变原有生产经营内容，旨在维持或扩大现有生产或服务能力的投资。例如一家家用电器厂，目前的主要产品是某种型号的彩色电视机，该机型正处于其经济寿命期中的成长期，在若干年内均可保证畅销，但现有的某些生产设备较为落后，需报废更新，或者现有生产能力太低，远远不能满足市场需求，形不成规模效益，企业就可能选择对部分生产设备的更新改造或扩建投资（如再引进一条相同内容的生产线）。这时，企业投资方向与其原有生产方向保持一致。

（2）在保留原有生产经营内容的同时，在本行业内增加新的生产经营内容的投资。这是一种常见的投资方向。仍以前述家用电器厂为例。假定在其现有彩电产品的生产能力能为市场充分吸纳的同时，某些具有其他功能的新型彩电或相近的其他家用电器（如电子游戏机）的市场需求趋势看好，盈利前景可观，而该企业又有条件进行开发时，则其投资就可能围绕着这类有前途的新产品的开发及其生产能力的形成而展开。这时，企业的投资方向与其原有生产方向存在着一定的差别，但仍局限于本行业内。

（3）为实现行业内彻底转产而进行的投资。这一般是在企业现有生产内容技术上已严重落后，无法适应消费需求，或者现有产品生产成本过高，原材料供给无法得到保证，收益水平甚低甚至严重亏损的情况下发生的。在这种背景下，企业的现有生产内容已没有继续下去的理由。这种投资方向，虽然仍局限于本行业内，但其连带产生的影响却相当广泛和显著，将会全面涉及企业资产存量的调整转移，需要解决诸如现有机器设备的处置、利用，劳动力的重新配置、组合，以及各种外部协作关系的清理与重建等一系列问题。

（4）为实现跨出原行业从事生产经营活动的目标而进行的投资。该种投资主要有两种情形：一种是在对企业原有生产经营方向完全或部分保留的同时，进行的跨行业投资。例如，一家电解铝厂，鉴于电力部门难以保证其生产用电，而充足的电力供应又是该厂充分开工的必备条件，因而可能自筹资金独立建设附属电厂，或与电力部门联合投资建设电厂。此外，通过向其他行业的投资项目，企业参股或对其他企业进行兼并，也是这种投资的形式之一。例如前述家用电器厂可能出于获得更大的收益之目的，在继续生产彩电的同时，将其盈利收入中的一部分用于购买某新建股份制卷烟厂的股份。这种情形多半发生在经营情况良好、资金雄厚的企业中。另一种情形，则是在完全终止其现有内容的生产经营活动的背景下进行的投资活动，即全面的跨行业投资。不过这种情形因为要受到各种条件的限制，特别是要受到企业现有多种资源存量状况的限制，故在较大的企业里甚少发生，一般只出现于规模小型的、生产能力较低的、生产方式属劳动密集型的企业里，例如乡镇企业。

3. 确定企业投资方向的意义

在改革开放以前，我国的国有企业并不具备投资主体的性质，在这些企业内发生的固定资产投资活动，均是由国家计划直接确定的，而投资所需资金完全通过国家财政预算以无偿方式拨付使用，物资和施工力量也均由国家分配，投资活动的整个过程都严格按计划规定的内容进行。在这种情况下，企业根本谈不上自主确定投资方向的问题，当然也无须关心对投资方向类型的选择。随着二十多年来的经济体制改革，情况已发生了根本的变化。就国有企业而言，其作为投资主体的地位目前已基本确定，其投资决策权限正在逐步扩大，不但已可以在自身所处的行业领域内自由地进行某些投资，而且也有了以某些形式（联合投资、集团投资、股份投资、租赁、兼并等）跨出本行业、本部门进行投资的条件。可以预言，国有企业在更广泛的空间范围内独立的确定投资方向的趋势，会随着我国市场经济体制的不断完善而不断深化和加剧。此外，改革开放以来，我国企业的所有制结构发生了重大变化，集体企业、乡镇企业、私营企业等大量涌现，它们已成为我国企业总体中的一支不容忽视的生力军。而这些企业在其生产、投资决策中的自主程度，较之国有企业更高，在对市场动向及时作出反应方面要求更强烈，在投资方向确定上的空间也更为广阔，其确定的意义正在被越来越多的企业投资者所关注。

对于企业的发展来说，科学地确定投资方向具有十分重要的意义。企业今天生产经营状况的好坏，很大程度上取决于过去投资方向确定的合理程度；同样，今天的投资方向又会改变企业现有的生产面貌，塑造出企业明天的生产格局。如果企业投资方向的确定得当，不但能够保证投资建设过程顺利，而且能够使企业内部的资源配置实现优化，使企业具备更强的市场竞争能力和发展活力，获得更高的经济效益；反之，投资方向确定不当，其结果往往比不投资更糟。

就企业投资决策这一过程本身而言，投资方向的确定及其正确与否也具有特殊意义。

因为它是企业投资决策中首先要完成的一项任务，是决策全面开展和深化的前提。企业投资决策包含着大量的内容，主要的战略目标或指标除投资方向外，还包括项目的规模、投资额、技术目标、厂的布局、资金筹措方式、投资的期望收益等，而所有这类重要的决策内容，显然都必须在特定的投资方向下进行分析评价和择定，否则便是无本之木。以投资的项目规模而论，不同的产品，其市场需求情况和成本收益前景是不可能一致的，由此对企业提出的规模经济要求自然也不会一致。只有初步确定了投资将在哪一方向、范围内展开，围绕何种产品生产能力的形成而进行的情况下，才有可能寻找到相应的项目最佳规模目标，包括估算投资额。项目建设区位、地点的选择，也受制于企业确定的投资方向。例如一个企业集团决定将投资用于建设其主导产品的矿产原料生产基地上，这一投资方向事实上便决定了该投资项目只可能在具备上述矿产资源贮存与开采条件的区域内选址。同样，一个对外部协作条件依赖性极强的高技术生产项目，就不能在荒无人迹的地区进行建设。又如投资的技术目标选择，无疑也要依据投资方向的先行确定（或与其结合进行）。向微电子行业投资和向传统加工工业投资，其所需要具备的生产技术档次结构与密集度当然会大相径庭。高技术产业方向上的投资，必然要求在设备选型、技术劳动力的组合、工艺流程的选择等方面更充分地体现出先进性。此外，在我国由于历史的原因，各种产品劳务之间的比价关系尚不合理，在不同的产业部门、行业之间不能形成平均收益率，因而在不同的生产经营方向上进行的投资活动，其未来的收益率也存在很大程度的差别，收益率的科学测算，显然也只有在确定的投资方向下进行。

三、投资经营方式选择影响因素分析

1. 投资经营目标确定

企业的投资经营活动将对企业未来生存发展产生极其重大的影响，因此投资活动必须慎重进行。首先要明确的就是投资经营的目标。企业的投资目标应从企业长期发展战略引申出来，符合企业的长远发展要求，这里的长期发展战略应是在全面分析市场未来发展趋势基础上寻找未来最适合自己发展的商机。企业应以提高经济效益，提高市场竞争力为其核心目标。在具体实施过程中这一目标会演化成一些具体的形式如成长性目标、市场占有率目标、协同效应目标等。在实施过程中，企业理性的投资经营目标应不脱离自身的能力、实力，并能与内外环境相适应，这样可以用它来指导选择投资方向，进行投资定位，确定合理的人、财、物的流向。这里切忌单纯追求短期效益而误入歧途，只有当短期效益能与企业的长远发展规划相协调时才是可和的。

2. 投资环境分析

企业财务环境、投资环境与企业的投资能力共同构成企业投资经营的土壤。对企业投资经营环境的正确认识将有助于企业发现新的发展机遇及沉着应对所面临的威胁，从而有利于投资经营项目的成功展开。

构成企业投资环境的因素很多，如宏观、间接地经济、政治、法律、科技、人文、自然因素等；微观的、直接的因素如竞争对手、物质资源的供给者、货币资金的供给者等。各种因素对不同企业、不同行业来说所起的作用会有很大差异，并且诸影响因素错综复杂，相互作用、相互影响。为了得出准确的分析、意见、需要企业进行筛选，选择对本企业过去、现在、将来产生过、产生着或将产生比较大影响的因素，尤其是重点考虑市场因素、竞争者因素，并运用正确的方法准确分析、预测其将面对的环境，从而有助于投资方向定位及投资规模定位的有效展开。

3. 投资能力分析

投资经营能力分析是企业最重要的一项经济分析活动，它将有助于全面认识企业，判定企业投资经营方向定位是否可行，规模定位是否科学、合理。

（1）企业主营业务发展水平

对企业主营业务发展水平应给出国内、国外两方面的评价，既便于企业确定国内市场的竞争地位，也便于为其在国际市场定位。具体评价可就以下几方面指标展开：

1）产品方面：产品差异性、产品质量、产品价格水平、成本水平、技术水平。

2）市场占有方面：产品销售额、市场份额。

3）盈利水平：销售利润率、资产利润率等。

4）规模经济。须就以上指标进行定性、定量分析、评价企业主业是否精干，是否稳固，是有待加强还是可以作为企业多元发展的基础。

（2）资本能力

考虑企业投资的资本能力时不仅要考虑其初期的投入，且需考虑正常运转中需追加的周转资本，国外投资需考虑外汇水平。企业投资所需资本可通过内部积累与外部扩张取得。内部积累不仅包括有形资产，如现金、银行存款、财产物质，且包括无形资产，如专利、商标、商誉等。除上述实存资产外，企业还需考虑未来的资本变化情况，即需分析企业的盈利记录，分析其目前的盈利状况并合理预测其未来盈利趋势。企业自有资金不足时需借款，这时需考虑其资本结构、信贷能力、能否顺利筹措所需资金、风险是否可以承受。此外，企业还有另一种方式可以考虑，即通过兼并、投资控股等方式迅速扩大企业规模，获得其发展所需资本。

（3）人力资源水平

内容调查研究，分析企业内各层次人员构成，企业进行内涵发展需着力培养企业家、企业科技人才、管理人才，需着力营造有利于发挥团队精神的企业环境。企业发展及进军国际市场需要高水平的人员组合，需能适应新环境，应对新挑战的企业家；需高素质的各级管理人才；需适应新业务，不断推陈出新引导、迎合市场需求的科研开发人员；需大量地适应新生产的熟练技术工人等。

（4）技术及创新能力（产品开发能力、制造能力）

企业的技术创新能力对内涵发展来讲是起点，是基础，对外延发展、国际化战略实施可能是决定其生命力的一个重要方面。需与人力资源相联系，以目前技术水平，推陈出新的能力及在新领域中发展的潜力作为决策基础。

（5）营销能力

营销能力包括营销技能、营销渠道、市场反应能力及售后服务水平等几方面。营销能力的好坏将对企业规模起限制作用，也将对企业能否在新涉足的领域取得稳固地位、能否扩大市场份额产生极大影响，从而成为判定可否进行外延发展的一个重要依据。应就上述营销能力构成因素展开分析，判定现存营销能力可支持的最大生产能力，判断目前的营销能力是否可进军新市场，预计可支持的规模，需改进、加强之处。

（6）管理控制能力

企业管理能力是一个综合性的概念，包括多层含义。我们可从其组成方面如组织能力、决策能力、信息反应能力、资源配置能力、成本控制能力，管理人员的层次结构，能否很快采用新的管理技术和管理方法以提高管理效率等方面着手进行评价，结果可以作为内涵发展的基础，也可以作为判定能否从容应对新经营领域中将出现的问题并取得良好的经营成果，以决定是否进行外延发展的重要依据。

（7）企业的竞争能力

企业的竞争能力包含了上述诸方面的内容。但企业的竞争能力并不是上述内容的简单组合，而是一个协调、统合的过程。企业能否将各种能力整合成具有优势的市场竞争能力将决定其是否应在新行业发展，能否在新领域中取胜。

4. 投资经营方向选择分析

投资经营方向选择应在对自己的投资实力、能力及处环境有充分了解的基础上进行。应以动力分析中明确的企业目前所迫切要解决的问题或要达到的目的为起点，结合企业长期经营战略，初步选择企业的投资经营目标。目标是否合理，是否可行将受其自身能力、实力及其所处环境的制约，需结合能力分析、环境分析结果进行衡量，可行时结合主业经营、多元特色及其适用条件分析选择投资经营的方向；目标不合理、不可行时重新考虑，重新选择。

四、如何确保投资决策效果

1. 创造良好的企业外部环境

（1）完善资本市场环境

资本市场的高效运作，必须具备合理的市场结构和良好的监管机制。我国目前的资本市场存在着诸多不足，主要表现为：

1）国家对资本市场管理仍有行政干预的现象。

2）市场割据，流动性不足。

3）市场价格机制尚未健全。

4）监督不力。对此，应采取以下对策：①减少行政计划因素；②进一步改进和完善市场结构；③增进市场流动性；④完善市场的价格机制；⑤建立与整个经济开放程度相适应的高度权威的管理体制。

（2）完善法律制度

1）完善证券法律制度，规范证券机构、发行公司和上市公司。

2）扩展金融市场容量，完善金融法规体系。

3）完善公司法律制度，规范公司的合并、分立和破产等行为。

4）完善国有资产管理法律制度，规范国有资产监督管理、国有企业产权界定、国有资产评估以及国有资产产权登记行为。

（3）改善政治环境

应逐步建立和完善社会保障制度，卸下企业的包袱，增强企业的竞争力。政府应该采取积极、有效的财政政策和货币政策，刺激投资，增加就业。这要具体做好下列工作：

1）打破社会保险分散管理格局，建立全国统一的社会保障管理体制；

2）建立健全社会保障基金营运的管理制度。

（4）净化社会中介环境

资本运营是一项系统性、操作性极强的活动，这一活动的各个环节，均需中介机构参与运作，中介机构的行为直接关系到资本运营的成败。要建立并规范包括信息网络、金融机构、会计师事务所、律师事务所、资产评估所在内的中介机构。

2. 营造必备的企业内部环境

（1）要提高企业管理者自身的素质。

管理者应做到：

1）提高自身业务水平，用现代知识武装自己。

2）解放思想、更新观念，学习科学的管理方法并运用于实践。

3）提高创新能力，不拘泥于现状。

4）牢固树立风险观念和竞争观念。

（2）重视对人的管理。

做到：1）强化职工培训，提高全员文化素质和技术水平。

2）充分发挥每个人的特长和优势。

3）弘扬先进，培育职工的团队精神。

4）关心职工生活，不断理顺职工思想情绪。

5）不断增强职工"主人翁"地位，加强民主管理，健全激励机制。

3. 是要提高企业财务管理能力。

（1）要立足现有基础，积极盘活存量资产。

（2）对外拓宽融资渠道，对内抓好产品生产，降低产品成本，以增强企业的竞争能力。

（3）应不断优化内部资本结构，扩大直接融资的渠道和比例，降低资金成本，提高盈利能力。

（4）完善企业的科学决策体系，无论进行投资、扩大经营规模、拓宽经营项目或是兼并其他企业，都要在科学决策的基础上进行。

（5）建立对资本运营项目的考核制度。

4. 拓宽融资渠道，实现多元化资本经营

筹资已成为企业一项重要而经常的活动，那种靠企业自我积累或传统的间接融资渠道，已不能满足企业的资金需要。在资本市场，企业可以自身的法人财产权实现直接融资，也可以股权出让和转让的形式以及以存量资产出让、土地置换、发行债券等形式筹资。

5. 强化企业财会工作，促使企业资本有效运营

（1）只要是两家或两家以上企业的经济资源和经营活动因资金纽带关系而置于一个管理机构或集团控制之下，就应当编制合并会计报表。

（2）准确地确认和计量企业的负债，并对坏账发生的可能性和大小进行合理地估计。

（3）兼顾国家、集体和个人三者的利益关系，公平合理地分配利润。

五、厂商污染治理投资概述

1. 投资的概念及内涵

投资是个很宽泛的概念，总体来说，投资就是货币转化为资本，再通过一系列运作实现资本增值的一个过程。投资可分为实物投资和证券投资，前者是以货币投入厂商，通过生产经营活动取得一定利润。后者是以货币购买厂商发行的股票和公司债券，间接参与厂商的利润分配。相较于投机而言，投资的时间段更长一些，更趋向是为了在未来一定时间段内获得某种比较持续稳定的现金流收益，是未来收益的累积。权威性的《简明不列颠百科全书》将投资定义为：投资是指在一定时期内期望在未来能产生收益而将收入变换为资产的过程。从不同的角度可以得到不同的定义，将投资进行区分性研究的是美国的投资学家德威尔，他认为：投资可分为广义投资和狭义投资。广义投资是指以获利为目的的资本使用，包括购买股票和债券，也包括运用资金以建筑厂房、购置设备、原材料等从事扩大生产流通事业；狭义的投资指投资人购买各种证券，包括政府公债、公司股票、公司债券、金融债券等。

2. 污染治理 R&D 投资的概念及内涵

污染治理 R&D 投资是环保投资的一种。环保投资指社会各投资主体通过各种渠道或

以各种形式将资金投入防治环境污染、减少污染排放、降解有害物质、维护生态平衡和环境管理等环境保护领域的行为活动。环境保护投资应该包括：

（1）投资主体，环境保护投资仍然是投资的一种，必须由一定的主体实施资本或资金的投入活动，一般来说，环保投资的主体包含各种生产型厂商，政策的环境管理部门和一些专业的投资机构等。

（2）投资对象，投资对象取决于不同投资主体的性质和活动范围，有生产性投资，也有非生产性投资；有实物性投资，也有金融性投资：有物资资本投资，也有人力资本投资；有工业投资，也有农业投资；有固定资产投资，也有流动资产投资，等等，选择其中任何一个方面来概括环境保护投资都不全面，只要能实现降低污染排放，改善生态环境目的的投资，都可以成为环保投资的对象。

（3）投资目的，投资是一种经济行为，投资者的行为不是随意的，而是基于一定的目的而进行的。环境保护投资的目的是获得预期效益，而这种预期效益表现为综合性，它是表现为环境、社会、经济的综合效益，需要从社会总福利的角度进行综合评价。

（4）投资结果。环境保护投资的投资结果分为隐性结果和显性结果两种。它的隐性结果表现为环境的改善，生态平衡的恢复等等：它的显性结果表现为资本或资产存量的增加。从国内外环境保护的实践来看，环保投资的范围并不统一，各国的情况各不相同，有的还相差很大。例如，在美国，环保投资包括污染预防费用、损害费用（用于受污染后的赔偿）、治理费用和管理费用。并不包括水土保持、防洪抗涝等恢复和改善生态的投资。在日本，环境保护投资包括的内容更广不但包括防止洪涝灾害、水土保持等恢复和改善生态的投资，甚至把城市基础设施（如道路、下水道等）的投资也视为环保投资。但两者都有一个共同之处就是，环保投资都包含污染防治和一部分城市公用基础设施的投资，而植树造林、水土保持等恢复生态和改替生态的投资一般都未包含在环保投资的范围之内。

从目前我国情况来看，中国的环保投融资主要是指污染治理的投资和环境能力建设两方面，具体包括新建项目的防治污染投资，老企业工业污染治理投资，城市环境基础设施建设投资等几个方面，不包括生态建设投资，如植树造林、水土保持以及治理沙漠等。而在环境能力建设投资中包括了自然保护方面的投资（主要用于自然保护区建设和珍稀物种保护），植树种草、防止水土流失等的投资则没有列入环保投资范围，这一点与其他国家的做法是一致的。

第二节　企业投资决策的选择行为

一、投资战略的制定

企业投资战略作为企业发展战略的一部分是和整体发展战略相适应的，相应于企业的创新发展和稳定发展两种基本战略，投资战略也有两种基本战略，即创新型投资战略和稳定型投资战略。企业选择创新发展还是稳定发展，取决于企业自身发展的需要，取决于对市场前景和企业态势的把握。而选择投资战略方向与确定投资战略态势构成了企业发展战略的核心，它们构成了企业投资战略选择的前提。在明确了企业发展战略的基础上，投资战略的选择包括投资战略类型、投资时机选择和投资项目的优化组合。

二、投资项目的选择

企业投资项目的选择绝不是漫无目的的搜寻，而是应该根据企业既定的投资战略，以企业自身投资能力为基础，围绕企业核心竞争力进行项目选择。没有方向性的项目选择不但浪费大量的财力、物力，而且往往无法发现真正适合企业的项目，错失良好的投机时机。

1. 基于企业投资战略的项目选择

企业的投资战略为项目的选择指明了方向，稳定型投资战略要求企业的投资围绕企业现有业务领域、现有市场进行核心多元化或者至少是相关多元化投资。因此，企业在选择投资项目时，必然会围绕现有产品进行纵向或横向的信息搜寻。所谓纵向是指向现有产品的上游或下游延伸，横向是指丰富产品类型以覆盖更多的细分市场。无论是纵向还是横向都要求企业在自己熟悉的领域内搜寻项目信息；与此相对应，创新型投资战略要求企业跳出现有的业务框架，开发全新的产品或拓展新的市场，甚至是在完全生疏的领域进行投资。但这种投资并不意味着四处开花，毫无方向，它必须以企业的投资能力为基础，以企业核心竞争力为中心，是企业核心竞争力的延伸。

2. 基于企业核心竞争力的项目选择

企业核心竞争力是企业生存的基础，同时也决定了企业拓展的能力边界。企业必须明确地知道自己的核心竞争力所在，是品牌影响力、治理能力、人才储备、技术水平，抑或是规模实力。无论是稳定型投资战略下的纵向、横向扩张，还是创新型投资战略下的完全多元化都不应该脱离企业核心竞争力的控制范围。例如，企业的核心竞争力在于品牌影响力，那么企业就应该在原有行业领域内，而不应该和原有业务脱离过大，否则品牌影响力就无法得到有效的延伸；假如企业的核心竞争力在于人才储备，则需要进一步明确人才结构，技术人才充足的企业显然适合投资于产品的研发，而销售人才充足的企业则适合新市场的开拓。由此可见，在企业投资战略为项目选择提供了基本的方向后，企业核心竞争力再次确立了信息搜寻的范围及中心。

3. 基于企业投资能力的项目选择

企业投资能力是由企业资金实力、现金流状况、筹资能力等因素共同决定的，投资能力决定了企业的投资规模，包括单个投资项目的规模和企业总体投资规模。投资项目规模的确定包括两个方面：

（1）投资能力决定了投资规模的可能性，就总体投资规模而言，企业投资能力决定了它的边界，超越自身能力的投资规模显然是不切实际的。对于单个项目的投资规模，它必然是在总体投资规模内的，另外从分散风险的角度，企业不可能将所有的资源投资于某一个项目，这种项目风险将会是致命性的，一旦项目失败将威胁到企业的存亡。因此，企业对单个项目投资规模的确定必须在投资能力的基础上考虑风险分散的要求；

（2）客观条件决定了投资规模的可行性，这里的客观条件包括物质技术条件、市场规模以及经济效益等。物质技术条件决定了投资项目的性质，资本密集型、技术密集型和治理密集型行业所要求的投资规模存在相当人的差距。市场规模决定着项目发展的空间，进而决定了投资规模的边界。经济效益通过项目不同规模下的边际收益率和企业资金成本间的比较，准确地界定了项目投资规模的临界点。企业总体投资规模及单个项目投资规模的确定再次缩小了投资项目选择的范围，这不仅有助于企业提高项目选择的效率，而且大大地节约了企业资源的耗费。

三、投资决策在应用中需注意的几个问题

1. 建立有效的决策信息系统，采用先进的信息收集手段

决策信息系统从组织结构分析来看一般是由互相联系、互相配合、协调一致的三个方面组成：①企业统一的信息机构；②参谋咨询系统内部的信息机构；③社会情报网。这三个方面形成一个统一的信息网络，并与电子计算机和现代通信技术紧密结合，形成一个系统，为企业投资决策系统服务。

2. 及时进行信息分析与处理

（1）应当不断地、深入地进行调查，从国际经济形势变动、国家政策的变动、市场价格变动、购销情况及居民家庭的购物计划中发现社会需求结构变动的苗头，推测投资结构演变趋势。

（2）应当注意观察其他行业或企业的投资动向，广泛了解科技人员的新产品开发意向，从中发现对投资结构可能带来较大影响的因素。

（3）应当比较研究经济发达国家投资新动向，为预测国内需求结构及企业投资结构

演变趋势提供参考。

3. 构建经营运作能力策略

项目虽然经过精心挑选、充分准备和系统评估，但在执行过程中仍然不可避免地会遇到一些困难和风险。这些困难和风险既有来自外部的（经济环境、政策环境、自然环境等的变化），也有来自内部的（项目管理人员缺乏管理方面的知识，经验不足；没有能力采购到项目所需的资源；资金不到位或转移资金挪作他用；任意扩大或改变执行计划等）。这些都会影响投资效果，使项目的执行过程与投资决策过程的可行性研究报告、项目评估报告、项目的初步设计等的设想存在一定差距，使项目不能及时地、保质保量地完工投产和有效运营。

总之，要搞好项目实施运行管理工作，必须解决好以下几个问题：①要有人管事；②要有钱办事；③要有章理事；④要有有效的约束和激励机制使之能够成事，但归根到底要加强投资项目实施运营的获利能力。增强投资项目实施运营获利能力的措施包括搞好投资项目的监测、投资项目实施运营的问题诊断和针对问题的解决措施。

4. 构建环境应对策略

投资环境主要包括政策环境、经济环境、社会自然环境。政策环境体现了政府对投资的宏观调控，进而影响企业投资行为；社会经济环境是在长期发展过程中形成的，也会影响企业投资行为；社会自然环境是国民经济和社会生活的"自然"基础，经常以先决条件的面目出现，基本不受主观意志活动的影响。由于投资环境所具有的特性，企业改善投资环境的策略应该是把投资环境单独抽出来作专门的研究和评价。企业有必要从系统观点出发，建立一个投资环境连续跟踪评价体系，以使企业的投资决策能够适应政府环境的变化发展，协调环境要素，增加企业调控投资活动的有效性，从而达到改善投资环境的目标。

第五章 土地污染对企业财务管理的影响

第一节 社会责任对企业成本的影响

企业一定会计期间的经营成果，是指企业在一定会计期间内实现的收入减去费用后的净额。随着环境法律法规的不断完善以及人们自我保护意识的日益提高，普遍存在这样一种现象，即只要企业生产经营过程中存在环境问题，其收益和支出就会受到影响，从而使其一定期间的经营成果受到影响，且受影响程度与企业环境问题的严重程度存在着密切关系。下面笔者将详细分析环境问题对企业经营成果的影响。

一、环境问题对企业支出的影响分析

根据我国现行有关法规的精神，按照环境责任原则的要求，企业的生产经营活动对生态环境所造成的损害需要以污染后的某种支出作为赔付和补偿；按照预防为主原则的要求，企业也有可能会在生产经营过程之中或之前采取积极的措施，在污染发生之前或之中进行主动的治理。无论如何，从事与环境有关的活动，势必招致某种支出的发生，且支出的形态多种多样。与此同时，环境问题的存在还将导致企业的其他支出项目受到不同程度的影响。下面我们将进行详细的分析。

1.环境问题对企业环境支出的影响

从各国现行法律法规的要求和目前企业的环境活动实践来看，由于环境问题导致的支出的具体形态主要有以下15种或者更多：

（1）环境管理费用，即企业专门的环境管理机构和人员经费支出及其他环境管理费用。

（2）环境监测支出。

（3）排污收费，即政府对正常排污和超标排污征收的排污费，政府对生产可能会对环境造成损害的产品和劳务征收的专项治理费用，政府对使用可能造成污染的商品或包装物的收费。

（4）超标排污或污染事故罚款，对他人污染造成的人身和经济损害赔付。

（5）污染现场清理或恢复支出。

（6）矿井填埋及矿山占用土地复垦复田支出。

（7）污染严重限期治理的停工损失。

（8）使用新型替代材料的增支。

（9）现有资产价值减损的损失。

（10）目前计提的预计将要发生的污染清理支出。

（11）政府对使用可能造成污染豹商品或包装物所收取的押金。

（12）降低污染和改善环境的研究与开发支出。

（13）为进行清洁生产和申请绿色标志而专门发生的费用。

（14）对现有机器设备及其他固定资产进行改造，购置污染治理设备。

（15）政府或民间集中治理污染而建造污染物处理机构的支出，等等。上面所列示的这些支出项目，势必会影响到企业当期或者是多期的损益；同时也会对企业的其他支出项目产生影响。

2. 环境问题对企业主营业务成本的影响

企业一定期间内的主营业务成本不仅与产品的成本有关，还与产品的销售数量有关。因此，环境问题对主营业务成本的影响主要体现在对产品成本和销售量的影响上。

（1）环境问题对企业产品成本的影响

产品成本项目主要有三个；直接人工、直接材料和制造费用，三者均会受到环境问题的影响。

1）直接人工成本硬目

对于存在较为严重的环境污染问题的企业，如果其污染对职工的身心健康造成了直接或间接的伤害（例如企业是一家化学试剂生产厂家，或是产品具有较强的高辐射性能），而职工的工资、福利待遇水平又不高的话，可能会引起职工的不满、怠工、罢工、辞职等现象的发生，此时企业为了维持正常的生产秩序、留住人才，就不得不提高工人的工资水平和福利待遇。同时，对于生产经营过程存在严重危害性的企业，政府很可能会要求其按照一定的标准对职工给予"有害补贴"，并将该项补贴在"应付工资"项目中列支。以上这些措施的实行都将会导致企业"产品生产成本—直接人工"总额以及单位产品成本的提高。

2）环境问题对直接材料成本也会产生影响

对于生产有毒化学物品和含有放射性物质的产品的企业来说，其生产用的原材料很可能存在环境污染，因此在购置、运输、储存这些原材料的过程中，需要花费额外的代价，这必将使原材料成本上升，因而也使生产成本中的直接材料成本增加。

3）环境问题也会影响到制造费用项目

企业为治理环境污染，就必须进行资本性投资购买或建造环保设备，而这些设备的折旧费用无疑将被记入"制造费用"。因此企业的"产品生产成本—制造费用"总额增加，产品的单位成本也可能会提高。可见，由于环境问题的影响，企业生产相同数量的产品所耗用的原材料成本、人工成本以及制造费用都有增加的趋势，因此单位产品成本提高，而在产品销量不变的情况下，主营业务成本总额将会随之提高。但"环境问题使单位产品成本提高"的情况又不是绝对的，如果企业采取污染治理措施后生产规模扩大，产量大幅度提高，可能会使产品的单位成本下降，这就要根据企业具体情况进行具体的分析。

（2）环境问题对企业产品销量的影响

可想而知，对于存在严重环境问题的企业，如果不采取必要措施治理环境污染，其环境形象必然会受到破坏，相应地产品销售也会受到不利影响。与此同时，现实生活中，许多企业的产品在消费过程中或使用后都存在不同程度的环境污染问题，而随着科学技术的迅猛发展，新的环保型的替代产品也在不断问世，这必将导致非环保型产品的销售受到一定限制。

然而，如果企业能采取有力措施进行污染防治，或实行清洁生产，转产环保型产品，改变目前所面临的被动局面，企业的生产经营状况和销售状况必然会好转，产品的产销量也就会增加，相应地，企业的主营业务成本可能会有所增加。

3. 环境问题对企业期间费用的影响

期间费用是指不能直接归属于某个特定产品成本的费用，包括直接从企业的当期产品销售收入中扣除的营业费用、管理费用和财务费用。因此，环境问题对企业期间费用的影响主要体现在以下三个方面：

（1）环境问题对企业营业费用的影响

营业费用是指企业在销售产品、提供劳务等日常经营过程中发生的各项费用以及专设销售机构的各项经费。对于存在环境问题的企业，其环境形象将受到极大破坏，产品销售也会受到不利影响。企业为维持正常的销售业绩和营业利润就不得不在产品销售方面下功夫，加大产品销售过程中的人力、物力和财力开支，相应地企业的营业费用额就必然会增加。

（2）环境问题对企业管理费用的影响

管理费用受环境问题的影响会更大。

1）企业要解决目前存在的环境问题或避免新的环境问题就必须在内部设立环保机构，为该机构配置相应的人员，那么环保人员的工资和福利费用支出则应列入企业的"管理费用"。

2）如果企业在生产过程中要排放污染物，或者企业的商品、包装物在使用过程中、使用后会对环境造成污染等，就必须向政府部门交纳一定的排污费。一般来讲，正常范围内的排污费应记入"管理费用"。

3）企业为管理部门人员支付的各种污染有害补贴等也应记入"管理费用"。

（3）环境问题对企业财务费用的影响

财务费用是指企业筹集生产经营所需资金而发生的费用。企业环境问题的存在将导致各项环境支出的增加和经营资金的紧缺，企业为解决资金短缺就必须向银行或其他金融机构筹借长短期贷款，或者向公众发行长短期债券，这些借款除了用于资本性支出应将其利息记入资产成本外，其他的利息支出均应记入"财务费用"。

4. 环境问题对其他支出项目的影响

（1）主营业务税金及附加

主营业务税金及附加项目，反映企业经营主要业务应负担的营业税、消费税、资源税、城建税和教育费附加等随着经济发展与生态环境之间矛盾的日益加深以及我国税法的不断完善，开征能源税、环境税以及其他相关的税种、扩大资源税的开征范围并增大现有税种的征收比例是完全可能的。因此，对于存在环境问题的企业而言。其环境方面的税负必然会加重，相应的"主营业务税金及附加"的总额也会增大。

（2）其他业务支出

生产过程中出现"三废"污染或其他污染的企业，可能会依靠技术开发，利用废弃物生产产品，变废为宝，那么企业利用"三废"或其他废物生产产品所发生的各项支出应记入"其他业务支出"。

另外，如果企业采取措施清理废弃物并取得了收益，那么为处置废物所发生的任何支出也应记入"其他业务支出"。

（3）营业外支出

环境问题对各营业外支出项目均会造成不同程度的影响。

1）企业生产过程中所使用的非环保型设备很可能会因为新的环保型设备的出现而发生减值或报废，如果是减值的话，应对该项固定资产提取减值准备，并记入"营业外支出—提取的固定资产减值准备"，而处置该设备所发生的固定资产净损失就应记入"营业外支出—处置固定资产净损失"。

2）无形资产也会因为企业环境形象的破坏以及经营业绩的下滑而发生价值减损，如果出现账面价值低于可变现价值的情况，就应计提无形资产减值准备，并记入"营业外支出—计提的无形资产净损失"，而出售无形资产所产生的损失应记入"营业外支出～出售无形资产损失"。

3）企业可能会由于严重的环境问题而被迫停工、限期整顿，在这种情况下所发生的停工损失应记入"营业外支出—非常损失"，另外，企业超标排污所缴纳的排污费以及因污染而造成的各种赔款也应记入"营业外支出—非常损失"。

4）企业因污染而招致的环保部门的罚款，则应记入"营业外支出—罚款支出"；最后，其他因环境问题而引起的与生产经营活动没有直接联系的支出也应当记入"营业外支出"。

二、环境问题对企业资产影响的分析

资产是指过去的交易或事项形成并由企业拥有或者控制的资源，该资源预期会给企业带来经济利益。《企业会计制度》规定，在资产负债表上，资产应当按照其流动性进行分类分项列示，包括流动资产、长期投资、固定资产、无形资产和其他资产。

1. 环境问题对企业存货项目的影响

存货是指企业在正常生产经营过程中持有以各出售的产成品或商品，或者是为了出售仍然处在生产过程中的在产品，或者将在生产过程或提供劳务过程中耗用的材料、物料等…。存货是企业流动资产的重要组成部分。就存货项目而言，特别是那些有毒化学物品和含有放射性物质的物品，存在着环境影响的问题。

（1）环境问题可能使企业存货发生价值减损

在过去的几十年内，我国已制定并颁布了多项关于有毒有害物品的法律法规，而且目前正在酝酿制定更加严格的关于有毒化学物品的法规。生产经营或使用有毒有害物品的企业，其部分存货项目必然会由于国家环境法律法规的调整或者消费者的普遍抵制而发生减值甚至是报废，其变现能力也会受到限制。

在国家环境法律、法规不断完善的过程中，不仅是农药等有毒产品的使用会受到抵制，其他有害生态环境和人类健康的原材料、物料、产成品、在产品等都可能会面临威胁，这就不可避免会对企业相关存货的价值和变现能力造成不利影响，并使企业遭受一定的损失。

（2）环境问题可能使企业存货规模和总价值发生变化

由于企业一定时期存货的规模和水平与企业的生产规模和生产经营状况直接相关，且环境问题的存在会对企业的生产经营活动造成这样和那样的影响，因对企业存货的规模和总价值就必然会受到环境问题的影响而发生增减变化。

1）环境问题可能使存货规模和总价值减小

如果企业生产经营过程中存在严重的环境污染问题，这将导致企业大量的环境支出和环境负债发生，并很可能会造成资金周转紧张和正常生产经营受阻，在这种情况下，包括原材料、在产品、产成品在内的存货数量和总价值可能会比正常经营条件下有所减少；

2）环境问题还可能使存货规模和总价值增加

固然环境问题的存在可能使企业各项存货遭受损失和不利影响，但是如果企业能够采取有效的应对措施，例如治理环境污染、生产环保型产品或实行清洁生产等，并取得良好效果的话，企业的生产经营活动必定会朝着良性的方向发展，同时企业的生产规模可能会不断扩大，从而使原材料、在产品、产成品等存货的数量和价值比以前大幅增加，这样不但可以避免销售短缺带来的损失，又能为企业增加销售收益。

2. 环境问题对企业固定资产的影响

固定资产是指使用期限超过一年的房屋、建筑物、机器、机械、运输工具以及其他与生产、经营有关的设备、器具、工具等。对许多企业两言，固定资产的使用对环境所产生的影响可能是尤为重要的，反过来，固定资产受环境问题的影响也是不容忽视的，这些影

响主要体现在以下两个方面:

（1）固定资产价值减损

对企业而言，受环境问题影响而发生价值减损的固定资产主要是生产用的机器设备，同时，房屋、建筑物也可能会受到一些影响。

1）机器设备

产生含有污染物的废水、废渣、废气及辐射物的机器设备的运转，自然会对生态环境造成损害，这些机器设备的使用首先会产生的问题是:

①企业将会因排放污染物而缴纳排污费，或者是招致罚款，对受害者予以赔付，即企业必须为自身的环境破坏行为付出一定的代价。实际上在考虑到这一些后续支出后，这些机器设备真正的使用价值和相应的价值较我们不考虑这样一些问题时要低得多;

②目前各国生态环境管制的基本趋势是趋于严格，那么，极有可能的问题是，过去可以使用的机器设备可能会因某一法律法规的颁布而受到限制甚至是成为废物，或者是必须进行改造或调整之后才能继续使用;

③对于某种排放污染物的机器设备来说，如果准备出售，其价值将会远远低于账面价值，事实上，按照我国现行《环境保护法》及其他有关法律的规定，可能产生严重污染的设备一般是不允许自由转让的，尤其是不能转让给那些没有足够的污染防治能力的单位;

④鉴于消费者对自身利益和社会利益的重视，消费者可能会对那些生产经营过程中或者是使用中、使用后会产生污染的产品和商品产生抵触或排斥，那么，生产这些商品或产品的机器设备的使用也会受到不利影响。

综合上述四种情况可以看出，在面临着市场上不断推出新型环保设备的背景之下，在环境法律、法规逐步严格的情况下，产生污染物的机器设备的真实价值无疑是低于其账面价值的，并里逐步降低之势。如果该类机器设备发生减值或是使用寿命减少，企业必须计提"固定资产减值准备"或是改变折旧计提方法和计提金额等;如果机器设备报废的话，企业必须首先将其进行报废处理，然后重新购买先进的、无污染的或是污染小的生产设备。而无论企业的机器设备是发生减值还是报废，都将在一定程度上影响企业的财务状况。

2）房屋、建筑物

一般而言，房屋、建筑物很少对环境造成危害，但会出现例外情况而发生价值减损，或者受环境污染的影响而发生价值减损。例如，长期受到污染物侵蚀或熏染的房屋、建筑物以及可能因外装修而存在有污染的房屋、建筑物等，都会存在价值减损的问题。无论是何种原因引起的房屋、建筑物价值减损，企业都必须进行适当的会计处理，相应地企业的财务状况必然会受到影响。

（2）固定资产规模增大和结构变动。

企业的固定资产受环境问题影响而增加并发生结构变动的原因可能有:

1）在国家环境法律法规日益完善的背景之下，那些存在环境问题的企业，为了生存和发展，就必须采取有效措施进行污染治理，改善自身的环境形象。企业可能需要投入大量资金购买或建造治污设备，而这些设备通常是以固定资产的形式存在，这将导致企业固定资产规模的增加和资产结构的变动。

2）由于法律、政府和社会公众的压力，或者由于从经济利益的角度对排污交纳的排污费和罚款与改变固定资产现存状态的支出进行比较后作出的合理决策，企业可能面临这样一些情况：有些固定资产已经不能继续使用而需要购买新的没有污染或是降低污染的新型设备，或者是为使现有的固定资产继续使用也会考虑对环境有危害的固定资产进行改良或技术改造。无论企业是购买新型的环保设备，还是因环境问题而需要对某些固定资产进行改良或是改造，这些经济业务的发生，都将导致企业资本性环保支出的发生，并相应致使固定资产总额增加和结构发生变动。

3）环境成本资本化导致的固定资产规模增加。环境成本是指，本着对环境负责的原则，为管理企业活动对环境造成的影响而采取或被要求采取的措施的成本，以及因企业执行环境目标和要求所付出的其他成本。

如果环境成本直接或间接地通过以下方式流入企业的经济利益有关，则应当将其资本化：第一，提高企业所拥有的其他资产的能力、改进其安全性或提高其效率；第二，减少或防止今后经营活动所造成的环境污染。有些环境成本能够产生特定或单独的未来利益，可以将其作为固定资产单独确认；如果一项可以确认为资产的环境成本与另一项固定资产有关，所发生的环境成本本身并不带来特定的或单独的未来利益，这些成本的未来利益存在于企业经营中所使用的另一项生产性固定资产上，则应当作为该项固定资产的组成部分而不予单独确认。因此，环境成本资本化也可能导致企业固定资产规模增大和结构发生变化。

3. 环境问题对企业无形资产的影响

无形资产是指企业为生产商品、提供劳务、出租给他人，或为管理目的而持有的、没有实物形态的非货币性长期资产。

无形资产受环境问题的影响主要表现在三个方面。

（1）因环境问题而发生价值减损

由于某些无形资产的价值是与企业的生产经营直接相联系的，因此企业的生产经营状况将直接影响到它们的价值。例如那些存在环境损害问题的专利权、专有技术以及那些存在污染问题的企业商标使用权、商誉等都会因其内在地对环境的损害而使其使用价值降低甚至是报废，并进而使其价值发生不同程度的减损。随着国际和国家环境法律法规日渐趋于完善，企业无形资产受环境问题影响的程度也将逐步增大。

（2）因取得环保效益使其价值总额增加和结构改变

如果企业所采取的环境保护措施效果良好，使企业环境形象和收益状况大为改善，那么企业的各项无形资产尤其是与环境密切相关的无形资产就很可能会因此而增值，无形资产的结构也会发生相应的变化。同时，如果企业所采取的污染治理措施和环保措施卓见成效，使企业经济效益和净利润较未治理环境污染之前大幅度增加，企业则可能在改组或改制时产生一些类型的无形资产，例如商誉等。

（3）企业面临的绿色贸易壁垒压力使其价值总额增加和结构变动

加入 WTO 后，我国的产品出口面临着的一个重要障碍就是绿色贸易壁垒，许多企业的产品和商品因存在有害成分或是对环境造成危害而被其他国家无情地拒之门外，严重影响了我国企业的产品出口和我国的对外贸易发展。在这样一种被动的情况下，我国的企业必须对现有的产品和商品进行改进，使其符合国际环境标准，并试图取得绿色标志，形成新的无形资产；另外，有些存在环境污染问题的企业还可能会自行开发或购买一些有助于减轻污染或专门治理污染的新型专利或技术，这些都将会导致企业无形资产的价值总额增加和结构变动。

4. 环境问题对企业其他资产项目的影响

对于存在环境问题的企业而言，其各项存货、固定资产和无形资产所受的影响可能是尤为重要的，但是其他的资产项目也同样会受到环境问题一定的影响，且这些影响是不容忽视的，现分析如下：

（1）货币资金

货币资金是指企业拥有的库存现金、银行存款、银行本票、银行汇票等。它是企业流动性最强的资产，而企业所发生的许多与环境有关的交易和事项都涉及此项目。企业所发生的环境方面的支出（无论这项支出是收益性支出还是资本性支出），都需要企业在当期或在以后期间动用一笔货币资金，例如企业每年排污费的缴纳和污染罚款的支付，以及环保设备和技术的购买都要求企业现实地动用一定量的货币资金；同时，企业各项环境负债的支付、环境收益的取得也都将影响到货币资金项目。在这种情况下，企业一定时期的现金流入和现金流出以及该时期的现金净流量与企业的支付能力也就必然会受到环境问题的影响。

（2）应收账款、应收票据等债权项目

应收账款是指企业因赊销商品、产品或劳务而形成的债权；应收票据是指企业因赊销商品或劳务而收到商业汇票时所形成的债权。应收账款、应收票据等债权项目也会受到环境问题的影响，主要有两个方面的原因：

1）企业本身原因

如果企业的产品在消费使用过程中对环境造成危害，或是对消费者造成某种损害，因而遭到法律法规的某些限制或是消费者的抵制，企业为减少损失，可能不得不对这些产品进行削价处理并赊销出去，这一措施将直接影响到企业的应收账款和应收票据。

2）债务方原因

如果作为债务方的企业的生产经营违反了国家环境法律法规，而被环保部门强令关闭停产或进行大规模技术改造，那么债权方企业的债权必然会受到影响，要么被延期支付，要么根本就收不回来。

（3）长短期投资项目

投资是企业为分享被投资单位的利润（利息）或谋求其他利益，而将资产让渡给其他单位使用的一种活动。环境问题对企业投资项目产生影响的主要原因可概括为以下两方面：

1）企业自身原因

对于存在严重环境问题的企业，其每年要缴纳高额的排污费和污染罚款、对受害者进行赔偿并支付环保部门各种经费等，需要大量的资金开支，企业不可避免会出现资金周转紧张的形势，如果此时又难以筹集到足够的资金，企业就很可能会将长短期投资进行变现处理，以解燃眉之急。如果所需资金金额较小，只需将短期投资变现即可；而如果所需资金金额较大，则需要将部分或全部长期投资进行变现处理。另外，如果企业为治理环境污染要购置治污设备或进行其他的环保投资，而要在较短时间内将资金筹集到位有一定困难，企业也可能将长期投资或短期投资提前收回，以满足对资金的需求。对企业而言，无论是提前收回长期投资还是短期投资，都将影响投资项目的收益性，从而对企业的财务状况和经营成果造成影响。

2）被投资企业原因

环境问题同样也会影响到被投资企业，如果企业对外投资的单位即受资方存在严重的环境问题，那么，受资方将会由此而产生某些环境支出、承担某种债务甚至是停产或关闭，其结果也将会体现为投资方在接受资方所拥有的权益或利益受到损害。即便受资方企业由于目前尚未发生真实的支出而未予入账，投资方也应该预见到这种可能的损失。此时，投资企业可能需要就该投资项目计提相应的减值准备或跌价准备并对其做出相应处理以使企业投资损失最小化。

（4）其他资产

企业环境问题的存在，也可能会影响到"长期待摊费用"等其他资产项目。按照我国现行制度的规定，列入其他资产的项目主要是长期待摊费用、国家批准储备的特种物资、银行冻结存款以及临时设施和涉及诉讼中的财产等。为治理环境污染，企业可能会在某个年度发生一些环保支出，如果这些支出使企业避免了环境方面的损失，且受益期在一年以上的话，那么该项支出应计入"长期待摊费用"，并在整个受益期内进行摊销。此外，随着环境法律法规的逐步完善，企业因环境问题而面临的法律风险会越来越大，可能会有更多的资产项目要转入其他资产项目中。

第二节 社会责任对企业收益的影响

一、利益相关者与企业社会责任分析

1. 企业社会责任的概念及评价

（1）企业社会责任概念

企业社会责任（CSR）概念最早起源于美国，而最早提出 CSR 概念的人则是著名学者谢尔顿（OliverSheldon），从 20 世纪 20 年代 CSR 概念的提出一直到 80 年代，学术界普遍认同企业所承担的社会责任与企业的经济利益是相悖的，大部分学者主要研究的内容是企业是否应该履行承担社会责任。直到美国教授鲍文（Howard R Bowen）的出现，鲍文在 1953 年所著的《商人的社会责任》中提到"商人需要在社会中履行什么责任"时，对于商人的社会责任定义："商人有必要和义务遵循社会大众的期望目标以及价值观来制定企业的政策措施以及各项决策"。正因这一观点鲍文也被誉为企业社会责任之父。随后戴维斯关于社会责任的观点与之前两位一致，戴维斯认为，企业不应为经济利益而逃避其应该履行的社会责任，这样反而会导致公司社会权力的损失，在公司中经济目标与非经济目标是共存的。

各国专家学者在随后企业社会责任（CSR）研究中，不断地形成了社会责任理论体系。其中较早出现的 CSR 理论模型为"同心圆模型"，社会责任的主要内容一共被此模型分为内、中、外三层同心圆。其中最内层是企业最基本的经济责任，即提供合格的产品、提供就业资源、获得经济利益等等；中间一层为企业需要明确社会价值观，以及考虑其他社会重大问题，持续关注员工的福利，对于自然环境的保护也提出了一些要求；最外层提出了比前面两层更高的要求例如如何拉近社会中的贫富差距，维护社会的和谐与发展等。随后，卡罗尔（Carroll）依据其不同的视角在 1991 年提出了"金字塔"模型，顾名思义卡罗尔将社会责任的不同内容搭建成一座金字塔从高到低分别为慈善责任、伦理道德责任、法律责任和经济责任。这四个维度很好地阐释了企业社会责任的内涵与外延。在此后英国一位著名学者提出了"三重底线"模型，三重底线理论将社会责任分为经济底线、环境底线和社会底线三个方面，即企业需要承担到经济、社会、环境三方面责任，在企业经营中将三者的平衡考虑进去，尽可能满足利益相关者的需求。在众多有关 CSR 的理论模型中卡罗尔的"金字塔"模型一直被大部分的公司高层以及管理者所应用与推崇，在实践中许多企业遵照"金字塔"模型中的不同层次结合企业自身的资源条件来履行对企业具有重大意义的社会责任。

企业社会责任问题由西方学术界传入国内的时间较短，陈志昂等学者曾经提出有关社会责任的三角模型，模型共被分为三层从下至上分别为法规层、标准层以及战略与道义层[36]。企业社会责任是企业相对于利益相关者所需履行承担的责任，其中利益相关者包括：政府、员工、社区、投资人等等。企业社会责任是指企业需要对各利益相关者负责，只有这样企业才能实现在经济利益、社会等各个方向实现可持续发展。

对于企业社会责任的概念进行了几点归纳与总结：

1）按照企业社会责任的"金字塔"模型的定义，企业社会责任应被划分为4个层级，分别为经济责任、法律责任、伦理道德责任以及慈善责任。经济责任主要是企业对于投资者或利益相关者的经济利益层面的责任，包括如何有效经营公司、保障投资人股权等；法律责任是指企业应保证在发展企业的进程中遵守当地相关法律法规的责任，保障员工的健康、安全等合法权益的责任；伦理道德责任是指企业生产的产品或为客户提供的服务符合相关标准的义务，能够为企业员工提供相对公平、合理的工作发展机遇的义务；慈善责任是指企业能够积极参与社会慈善公益，积极响应社区活动，为社会以及企业本身带来积极效应的责任义务。

2）企业社会责任从利益相关者的理论出发来定义，即企业应当对于投资人、企业员工、客户、政府、社会及所在社区环境都应当履行和承担相应的责任义务，而不是仅仅从自身企业经济的发展以及投资人收益的角度来承担仅有的义务，应更多地考虑与企业有关联的利益相关者的利益。本文在企业概念的文献研究以及分析的基础上，在分析港航企业的社会责任的现状及结构分析时，采用了利益相关者理论与卡罗尔的"金字塔"模型相结合的方式。

（2）企业社会责任评价研究

企业社会责任的核心便是如何将企业社会责任进行量化，然而目前国内大小企业对于企业承担社会责任的曝光和披露均不足，大多数企业仍更加注重公司的经济利益，造成企业在社会责任方面无法获得社会的普遍认可。因此国内外学术界对于社会责任的量化愈加重视，评价的方法也越来越多。以下是国内外比较成熟且运用较多的企业社会责任评价方式：

1）索尼菲尔德法

美国著名的企业责任研究专家索尼菲尔德从两个角度出发：社会责任度和社会敏感度，对于本国几家公司外部的利益相关者进行问卷调查，通过此方法针对企业的社会责任进行评估。索尼菲尔德将调查进行打分，分别为1至2分是较差，3分为普通，4至5分则是良好。索尼菲尔德认为此方法能够让企业内部高管清晰地认识到本公司的社会责任在众多公司中的排名，从而更好地分配本企业的资源。此方法的优点在于通过打分这一定量的方式能够更加清楚地对企业社会责任进行评价与分析，由于这些外部的利益相关者不属于此企业，所以评价的结果更加客观与真实可信。

2）声誉指数法

声誉指数法是一种主观评价的方法，其方法为由一些在其领域颇有影响力的研究人员、专家学者、权威公司对于目标企业作出的分析数据以及作者本人对于该企业社会责任承担情况进行的排序结果。莫斯科韦茨曾通过大量的调查，搭建了一套有关企业社会责任的声誉指标体系，他将目标企业共分为三个评价结果分别为："较为优秀的"、"值得鼓励地"以及"行为较差的"。声誉指数法的优点十分明显，此方法能够保证评价的目标与评价的标准保持一致，这会使得不同的企业在比较过程中更具可比性。然而剩余指数法的缺点也较为突出，由于此方法为主观评价方式，导致其缺乏客观与真实可信度，比如当目标企业不变，采用同一批专家学者进行评价打分时会造成评价的接轨缺失全面性，评价出的结果会出现一定程度的偏差。与此同时，由于此方法的特性导致能够调查样本数量十分有限，最后会是评价的结果缺乏一定程度的公信力。

3）KLD 指数法

KLD 指数法是由企业社会责任调研和评估的专业评级机构 KLD 公司为投资人提供的一套社会责任的评价方法。此方法涵盖了列入标准普尔指数多米尼社会指数中的 650 家企业，包括产品的安全、公司与员工的雇佣关系、环境的保护、机遇的平等、公司与社区之间的关系和消费者等 8 个利益相关者方向对于企业社会责任进行评价，从而衡量相关利益者的社会责任和企业的财务情况的表现情况。通过此对于目标公司进行打分与排名分数从 − 2 至 +2 五个等级（-2、-1、0、1、2）进行评定。此方法相对于声誉指数法，KLD 指数法能够容纳足够大的样本，且邀请的评价人员均为企业之外的第三方而且还有许多社会人士的参与，这大大提升了评价的公正客观性，而且此方法可以更好地评估出企业社会责任的动态变化。此方式的缺点在于在国内，没有一个足够大的数据库的支持，并且仍然是凭借着个人的判断来评价。

4）内容分析法

内容分析法是指通过企业发布的公开文件及资料包括公司内部外部所发布的杂志、书籍、文档等，尤其是公司年度报告进行分析与研究，从而搜集出该企业的社会责任的相关内容及表现。并以此制定出一套企业社会责任的评估标准，通过指数赋值的方式将企业的社会责任表现数量进行量化。Abbot 和 Monsen 两位著名学者九层建立出当时极具影响力的"社会参与度披露（SID）指标"，内容分析法的本质即为通过大量的数据收集对于目标对象进行有效的分析与量化。在国外的许多公司会通过"可持续发展报告"、"社会责任报告"等发布企业的社会责任数据。此方法的缺点在于在收集企业社会责任活动的变量是较为主观，履行社会责任的变现会与公司的其他决策行为混淆，且研究人员相比其他方法有过多的自主权。

5）财务指标法

财务指标法主要以企业的财务报表和企业年报作为基础，从中选取可用数据来对企业的社会责任指标进行合理量化，由于早期我国企业绩学术界对于社会责任的概念意识并不强，因此我国一直以来缺乏有关社会责任的数据库，西方学术界的一些评价方法并不适用于中国企业。之后利益相关者等理论的提出与引入为中国学者研究社会责任提供了新的方式，学者依据利益先关者理论来衡量企业社会责任，并在财务报表及企业年报等获取相关数据。这种定量的方式来评价企业社会责任受到了国内众多学者的青睐。该方法的实用性较强，评价方式比较客观，然而缺点是非上市公司的相关数据难以查询及获取，为研究企业对象带来了局限性。

表 5-1　企业社会责任的评价方法汇总

企业社会责任的评价方法对比		
方法	优点	缺点
索尼菲尔德法	外部相关利益者打分	缺乏内部评价、全面性
	评价更加客观，可比性大	
声誉指数法	评价更加规范化与权威	缺少客观性、样本较小
KLD 指数法	可以进行连续性评价	国内暂无数据库支持
	可容纳足够大的样本	评价指标稍显片面
内容分析法	能够实现大样本的研究	收集的变量存在主观性
财务指标法	契合利益相关者理论	未上市公司数据难以获取
	客观性、实用性	

2. 企业绩效及其评价方法

（1）企业绩效的概念

企业绩效的概念覆盖面较广，所以对于企业绩效的界定，众多学者有其不同角度的观点，目前学者对于企业绩效的概念界定有以下三个观点：

1）目前许多学者认同 Campbell 的研究观点，他认为企业绩效不能够仅仅被认为是公司行为的一种结果或是投入后的产出，而应该是公司的行为过程，因为企业的发展会受到诸多因素的共同影响。

2）还有一部分学者认同 Kane 的观点，Kane 认为企业绩效并不是一个单一的个体，而是公司行为发展过后众多结果的集合，且企业绩效因受多种因素的影响，其与企业的战略目标具有极强的关联性。

3）第三种观点则是前两种观点的结合，学者们认为，企业绩效既是一种行为也是结果，属于行为与结果的结合，结果会受到行为的影响。

早在 1915 年美国杜邦公司（Dupont company）就提出了衡量企业绩效的标准--投资回报率（ROA），这是一套评定公司财务指标的综合评价体系。随后由于企业间的竞争愈演愈烈，各企业对于企业绩效这一概念也愈发重视，也衍生出非财务指标这一概念。美国思腾思特公司（Stem Stewart）提出了一种在后来受到许多专家学者推崇的财务业绩评价法 EVA 评价体系。此方法是以股东的角度出发，将利润纳入到评价的体系当中，同时更多地注意到投入成本，这种方式提高了真实准确性。我国对于企业绩效这一概念的研究起步较晚但角度多样，1999 年杜胜利在《企业经营业绩评价》一书中首次对企业绩效的概念进行系统阐述。

作为一个以盈利为目的的企业或组织，企业绩效一直以来被企业视为判定企业在运营过程中是否稳定且具有可持续发展性的核心依据。企业绩效因其社会所处在社会环境的复杂繁琐性，也使其受到了诸多因素的影响，其中囊括了以下三点：①第一，外部环境，外部环境是指企业所处环境的政治、经济、文化与科技；②第二，企业自身条件，包括企业规模、企业所掌控的资源、企业在行业内的能力等；③第三，组织能力，是指企业高层管理、企业文化的号召力、企业的凝聚力等。当前众多学者对于企业绩效的概念有两个方面界定，第一方面，由于企业的战略与目标随着时间的推移与公司的发展是在不断变化的需要不停地优化与完善，存在不固定性且处于动态发展的进程中，因此企业绩效是一种企业战略目标动态发展下的成果评估。企业绩效随着企业战略目标的变化而发生相应滞后性的改变，但同时企业绩效也具备一定的预见性，它会对于公司的战略进行一定的预测；另一个方面，企业绩效是为了满足利益相关者需求的，企业绩效是致力于围绕利益相关者的绩效活动，也是相关利益者对于企业的经营、管理等活动的一种考核。由于相关利益者对于企业的关注点以及期望会发生变化，为满足相关利益者的需求，企业绩效的侧重点也会随之转移。

（2）企业绩效的评价方法

通过众多学者有关企业绩效的阐述和对于企业绩效评价方式的研究，本文对于常见的两种企业绩效的评价方式市场收益指标以及会计指标进行了总结与概括，市场收益指标主要是参考市场交易的数据，以股东获得的收益为基础，会计指标主要是以公司所发布的财务报表来获取相应的数据。

1）市场收益指标

莫斯科维茨（Moskowitz）与万斯（Vance）是两位最早提出并采用市场收益指标的方法来研究企业绩效的两位专家，然而两位学者关于企业社会责任对于企业绩效的影响的研究结果出现了完全不同的两个观点，原因在于两位学者在研究过程中没将风险波动与股票价格的变化考虑进去。科克伦（Cochran）和伍德（Wood）在分析这两位最早进行企业社会责任与社会责任关系实证研究的过程中发现，正是因为之前两位学者并没有将样本企业的风险因素考虑进来，所以导致了之前两个截然相反的结论。此后众多学者也摒弃了之前使用股票收益率这一包含市场风险因素的指标来研究这一问题。国内学者目前最常用的企业绩效衡量方式的是托宾 Q 值，英文简称 TQ。托宾 Q 值是指企业市价或股价与企业重置成本的比值，通过这一比值来衡量市场收益指标。当托宾 Q 值大于 1 时，就代表企业的市场前景很好，未来可能会呈现持续盈利的状态。我国学者已经在许多行业及领域使用托宾 Q 值这一指标来量化企业绩效，然而单独使用托宾 Q 值得却很少，这显示了托宾 Q 值存在着不全面性。

2）会计指标

会计指标是另一种量化企业绩效的方法，相比于前一种方法，此方法更具一些全面性。因为会计指标不单单只考虑股东的因素，而是将企业整体的经营效果也考虑进去。同时会计指标使用的是企业数据报表中的历史数据，所以此方法也更具客观性。然而会计指标仍然需要将风险因素考虑进来，因为会计指标往往会受到企业经营者会计的行为影响。在以往研究企业社会责任对企业绩效影响的研究中，通常使用总资产报酬率（ROA）、销售利润率、总资产增长率等指标来进行企业绩效的量化。出于对衡量标准的全面性考虑，有不少学者通过市场收益指标与会计指标这两种方法相结合的手段来评价企业绩效，弥补两方法各自的不足。麦克奎尔（Mc Guire）等人在度量企业绩效时就同时选取了市场收益率（除去市场风险因素）这一市场指标与净资产报酬率（ROE）、经营利润增长率等会计指标[46]。国内许多研究者在研究企业绩效时，也有很多选用了托宾 Q 值与总资产报酬率（ROA）这两个指标。

3. 企业社会责任与企业绩效的关系

综合众多学者近几十年的研究成果，研究学者与专家对于企业应该承担社会责任这一观点趋于一致，对于企业社会责任与企业绩效之间关系的结果观点并不统一。其中最早发现与提出企业社会责任对企业绩效会产生影响的是布拉戈登（Bragdon）和马林（Marlin）。他们认为企业履行社会责任会增加企业的成本，进而丧失了企业在行业中的竞争力。在此之后众多学者开始纷纷讨论企业社会责任与企业绩效二者的关系到底如何。通过众多的理论与实践验证，得出了不同的结论，在这些研究中也出现了有关社会责任与企业绩效间的经典理论。

（1）利益相关者理论

有关利益相关者理论研究的学者们绝大多数都认同企业应该承担更多的企业社会责任（CSR），这样对于企业自身的发展是有利的。最早提出利益相关者理论的是斯坦福研究中心，此研究中心在早期研究中发现：雇佣员工、债权人、消费者、政府等都与企业有着千丝万缕的联系，这些相关者是企业无法忽视的对象群体，并把它们统称为"利益相关者"。此理论地提出一时间扭转了长达数十年以来企业一直以公司利益最大化为目标的传统思想。随后开始研究利益相关者这一理论的专家学者层出不穷。

弗里曼（Freeman）就曾通过研究得出在利益相关者中有一部分组织是会影响到企业的战略发展目标的。这一概念的提出一时间引发许多学者以及企业的关注，这一研究结果也对于利益相关者理论进行了有力的补充与完善。随后通过众多学者对于相关利益者的理论研究得出了许多关于企业社会责任与企业绩效关系的结论，其中最为重要的一项结论认为企业承担更多社会责任会得到更多社会公众的信任，在与相关利益者保持良好关系的基础上，从而会使公司得到更多的利益与资源。例如：企业承担更多地社会责任能够得到更多投资者的关注与投资，企业员工的忠诚度会随企业社会责任的增多而变高，企业会因为其社会担当而赢得更多消费者的青睐。从而可以得出一定的结论，企业可以通过履行社会责任而获得更多地利益与自身发展。

（2）资源基础理论

资源基础理论最早由沃纳菲尔特（Wernerfelt）在 1984 年提出，在资源基础理论中沃纳菲尔特曾提出这样的假设，企业会具有许多不一样的有形或是无形的资源，这些资源会转化成公司的一种能力，且这些资源不会被复制和转移。这些资源和能力会不停地帮助企业发展获得足够的竞争力。基于这一理论基础，许多专家学者赞成企业不断增加自身承担的企业社会责任，他们认为企业社会责任便是其中一个无形的社会资源，一旦承担更多地社会责任就意味着企业在不断积累资源，有助于公司的长远发展。鲁索（Russo）和富茨（Fouts）认为企业会通过参与环保方面的社会活动中，提升自身的技术发展，在新技术开发的过程中同样会提升相关员工的能力水平与科技意识，这些都属于有形资源。在无形资源方面，两位提出企业在环保方面的行为，会极大地提升企业在社会中的声誉与形象。苏洛克（Surroca）等人认为企业承担社会责任的行为能够为公司带来的有形资源是十分有限的，主要还是增加了企业的无形资源，企业会通过承担社会责任的变现来吸引更多的优秀人才，有助于提升企业员工的忠诚度以及工作的积极性。在参与环境保护等行为时，会积累更多的人力资源，这些资源会不断地提升企业在行业内的竞争优势。

（3）成本理论与代理理论

在成本理论和代理理论的研究中，学者们认为企业并不应该承担更多的社会责任。在成本理论下学者们认为企业就是应该以利益最大化为核心进行发展，承担更多的社会责任会造成企业成本的大幅增加，从而会为企业带来更多的经济方面的负担，影响企业的后续发展。奥佩尔斯（Aupperle）等人认为企业承担社会责任会增加企业的经营成本，从而丧失一定的竞争优势。巴内特（Banett）的观点似乎更为极端，他认为企业即便使用限制的物力、人力资源投入到社会责任中同样会制约企业在行业中的竞争优势。学者们认为资源一旦向社会资源方向转移，就会增加支出，因此承担社会责任只会限制财务绩效的增长。基于代理理论，学者们认为企业的管理者会因为自己的一己私利而将更多的资源投入到企业承担社会责任当中，企业社会责任会为公司带来声誉，而同时管理者也会因此获得更多的个人声誉，所以在这种情况下企业会因为资源的过多投入而造成股东及投资者的损失。

二、环境问题对企业负债影响的分析

负债是指过去的交易、事项形成的现实义务，履行该义务预期会导致经济利益流出企业。一般来讲，只要企业的生产经营活动或者其他产品和劳务对生态环境造成了不良影响，企业终究要为此而承担相应的责任，从而形成真实的确定性负债或者是或有负债。环境问题将对企业负债的影响可以从以下几个方面进行分析。

1. 环境问题对企业环境负债的影响

环境负债是指企业因过去环境事项形成的需在未来支出环境费用的现实义务，履行该义务预期会导致经济利益流出企业。这里的现实义务包括法定义务、推定义务。

前者是指法律规定、监管机构或合同规定的义务；后者则是由特定情形下某一事实所导致的，或据以推断、分析所产生的义务。它是企业由于道德或道义上的考虑而难以避免或不能避免的义务。如企业进行自愿预防和清除污染的义务可称为推定义务。

（1）要判断其未来支出的可能性大小，它是判断经济利益是否会流出企业的一个重要指标。当达到基本确定时就应进入负债的确认程序，否则就按或有负债标准对其再次判断。对"很可能"程度的业务应确认为或有负债，而"可能"或"极小可能"程度的业务则不作处理；

（2）对环境负债的确认还需判断其对环境影响的期间。其影响属于过去的，则可判断其具有负债性质并依据可否计量来做出当期确认或揭示的会计处理。影响属于未来的则可判断为合同负债，并以可否带来未来收益为准采取不同的会计处理。根据稳健性原则的要求，合同负债不能带来未来收益的，则应作未来损失准备金的提取处理，否则可在当期报告中予以揭示。

2. 环境问题对企业应交税金的影响

应交税金是指企业根据国家税法规定和经营情况应定期计算和缴纳的各种税金。环境问题对企业应交税金项目的影响主要体现在两个方面：

（1）环境问题的存在将使企业负担的环境方面的税种和税额增加。

随着经济发展速度的加快，人类可利用的自然资源逐渐减少，环境问题也越来越引起人们的关注，且我国的税法也在不断地完善，开征能源税、环境税以及其他相关的税种、扩大资源税的开征范围并增大现有税种的征收比例是完全可能的。在这种情况下，企业可能需设置应交能源税、应交环境税、应交资源税等负债科目，用来反映和核算企业因污染环境、消耗资源而计算缴纳税金的情况，并不得不按照税法等法律法规的要求承担更大的环境税收负担。

（2）企业由于环境方面的业绩而获得税收减免或税收优惠。

1）如果企业通过技术开发，利用"三废"生产新型产品、变"废"为"宝"并取得了收益，或通过技术改造实行清洁生产，避免了环境污染的发生，将很可能会享受减免税等优惠政策；

2）如果企业的污染防治等环保措施卓见成效，并且在同行业中起到了模范作用，也将很可能获得国家的税收优惠和税收减免。

3. 环境问题对企业借款类项目的影响

企业的借款类项目主要包括短期借款、短期债券、长期借款、应付债券和长期应付款等。

环境问题对该类项目的影响表现在：

（1）如果所需环保资金金额较大，可采取长期借款或发行长期债券的方式；如果所需金额较小，则可采用短期借款或发行短期债券的方式。一般情况下，企业举借长期借款和发行应付债券的金额都比较大，而且均是要定期支付利息的，企业在正常经营情况下还本付息可能尚存在一定的困难，如果企业在长期借款和应付债券即将到期时面临着较严重的环境问题和巨额的环境支出，企业必须就此采取措施，以解燃眉之急，企业要么借新债还旧债，要么进行债务重组，这些措施都不可避免地会对企业借款类项目造成影响。短期借款和短期债券也一样，在企业加大环保投入的期间，或是由于环境问题引发的罚款和各种赔付使企业资金周转受到影响时，短期借款和短期债券利息的支付和本金的偿还可能存在困难，企业必须筹措新的资金或采取其他方法来解决问题，而无论采取什么措施，都会对企业的借款类项目和企业的财务状况造成影响。

（2）企业因环境问题而发生资金紧张时，可能会使长期应付款增加。

长期应付款是指企业除长期借款和应付债券之外的其他各种长期借款，包括采用补偿贸易方式引进国外设备价款、应付融资租入固定资产的租赁费等。在企业资金周转比较紧张目下，常采用融资租入固定资产或补偿贸易方式引进国外设备。对于任何企业而言，只要其生产经营中存在环境问题，且违反了国家的环境保护法规和条例，就不得不发生大量的环境支出，而如果企业听任这种状况持续下去的话，就必然会使企业正常的生产经营活动和销售业务受到影响，从而进一步造成企业资金紧缺。因此，对于存在环境问题的企业，其"长期应付款"的规模可能会因企业资金紧张而增大。

4. 环境问题对其他负债项目的影响

（1）应付账款、应付票据

应付账款是指企业因购买货物、接受劳务供应等而形成的债务。应付票据是指企业因签发商业汇票而形成的债务。应付账款、应付票据是与企业的生产经营活动直接相联系的流动负债，其受到环境问题影响的原因可以从两个方面进行分析：

1）企业自身原因

每个企业在其经营过程中都可能面临这样那样的环境问题，一旦这些问题累积到一定程度，要求企业必须做出处理，或是环境方面的法律法规强制企业作出处理时，企业可能在较短时期内发生较大金额的环境支出，其偿还债务的能力必然会受到削弱。在这种情况下，企业很可能无法按时支付到期的应付票据，只能将其转入应付账款；同时应付账款的偿付也会受到影响，企业可能不得不通过债务重组等方法来解决问题，此时应付账款的账面价值也将发生变化。

2）债权方原因

如果上述情况也同样发生在债权方企业，即债权方企业也存在严重的环境问题，那么债权方很可能因此而发生破产或被撤销，债务方的债务有可能会无法支付，因而导致债务的自动消失。然而在我国破产法逐渐完善的形势下，这种情况发生的可能性比较小。

（2）应付工资、应付福利费

应付工资、应付福利费项目同样会受到环境问题的影响，这种影响可能是直接的，也可能是间接的。

1）直接影响

直接影响主要表现在：

①如果企业的生产经营活动存在较为严重的环境污染，且这种污染直接对本企业职工造成了身体上的危害，例如企业是一家化学试剂生产厂家，或是产品具有较强的高辐射性能，而职工的工资、福利待遇水平又不高的话，可能会引起职工的不满、怠工、罢工、辞职等现象的发生，此时企业为了维持正常的生产秩序、留住人才，就不得不提高工人的工资水平和福利待遇。因此，企业的"应付工资"和"应付福利费"项目均会受到影响；

②由于企业生产经营中的污染物对职工的身心健康造成了直接的伤害，政府要求企业按照一定的标准对职工给予"有害补贴"，并将该项开支在"应付工资"项目中列支。而实际上，这种"有害补贴"政策已在许多地区开始实行。随着人们环境意识和自我保护意识的进一步增强，"有害补贴"的范围可能会扩大，其数额也可能会有所增加，企业财务将会面临更大的压力。

2）间接影响

环境问题对应付工资和应付福利费的间接影响主要表现在：企业为了应付高额的排污费和污染罚款、污染赔款等环境支出，可能会发生资金短缺；或者为了治理环境污染，将会在一定期间内加大环保投资，购置环保生产设备或治污设备等，也需要耗费大量的货币资金。而企业一定时期内所拥有的资金数量是有限的，一旦企业资金匮乏，又不能在较短时间内筹集到足够的资金，必然会出现难以及时足额支付职工工资和福利费的情况。

（3）应付股利和应付利润

环境问题对企业的应付股利、应付利润也会产生直接或间接的影响：

1）直接影响

企业本身环境问题的存在，决定了它必须为此付出代价，应付各种环境支出，同时可能会取得部分环保收益，因此企业一定时期的净利润必然受到积极或消极的影响。而企业一定时期的应付股利和应付利润是与该时期的净利润直接联系的，既然净利润受到了环境问题的影响，那么应付利润和应付股利也必然会因此而受到影响。

2）间接影响

如果企业由于环境治理等活动而发生了资金短缺，企业很可能会难以及时支付股东股利和投资者利润，相应地，企业的应付股利和应付利润等负债项目都将会受到一定影响。

（4）或有负债

所谓或有负债是指过去的交易或事项形成的潜在义务，其存在须通过未来不确定事项的发生或不发生予以证实；或过去的交易和事项形成的现实义务，履行该义务不是很可能导致经济利益流出企业或该义务的金额不能可靠地计量。或有负债一般包括应收票据贴现、产品质量担保、未决诉讼、未决仲裁、债务担保等。环境问题对企业或有负债的影响可能表现在以下几方面：

1）如果企业的产品或商品存在环境污染问题，对消费者的身心健康造成了伤害，例如某电器生产厂家生产的电冰箱和空调所排放的弗里昂超标，对消费者健康造成了严重的伤害，那么该企业首先会因此承担产品质量担保责任，消费者也可能以此为理由向企业进行索赔，严重的可能会向仲裁机构申请仲裁或者向法院提起诉讼等，由此而引起的企业或者负债项目主要有产品质量担保、未决诉讼、未决仲裁等；

2）如果企业将某单位的应收票据进行了贴现，而该单位又因环境问题发生资金紧张可能无法按时支付应付票据，这将导致企业"应收票据贴现"这一或有负债的产生，企业应将其在会计报表中进行适当披露；

3）如果企业为其他单位的债务提供了担保，而对方单位因环境问题的影响可能无法按时足额还清贷款，企业将会产生"预计负债—为某单位提供债务担保"。

综合以上分析，可以将环境问题对企业负债的影响归纳为以下三个方面：首先，环境问题对企业负债既存在直接影响，又存在间接影响。如上所述，应付工资、应付福利费、应付股利、应付利润以及或有负债等负债项目都会受到环境问题直接或间接的影响。而无论是直接的影响，还是间接的影响，都应该引起企业和会计信息使用者足够的重视。其次，环境问题对企业负债的影响既有不利影响，又有有利影响。

三、环境问题对企业所有者权益影响的分析

所有者权益是指所有者在企业资产中享有的经济利益，其金额为资产减去负债后的余额。所有者权益包括实收资本（或股本）、资本公积、盈余公积和未分配利润。由前面两节的分析我们可以得出结论：既然环境问题使企业的资产、负债均受到影响，就必然会使所有者权益各项目也受到影响。

1. 实收资本、股本项目

实收资本或股本是指投资人作为资本投入到企业中的各种资产的价值。目前，随着投资者素质和修养的不断提高，道德投资的观念开始被一些投资者所接受。道德投资，又称为绿色投资，是指投资者只对那些具有良好的环境意识并主动承担环境责任的企业投资，决不会向那些污染问题严重、忽视环境业绩的产业和企业投资。

随着时代的进步，道德投资的观念将不断深入人心，环境问题对企业实收资本或股本的影响也必将越来越大，其影响可能有以下几个方面：

（1）企业生产经营过程中存在严重的环境污染，或经营方向、产品类型完全不符合国家环境法律法规要求，而企业却不采取任何措施加以改变，部分投资者因表示反对而撤

资，使企业实收资本或股本减少。

（2）企业因存在严重的环境问题而必须支付排污费、污染罚款、赔款等各种费用，甚至会发生停工损失和产品滞销损失，以致企业发生了重大亏损，在这一情况下，企业有可能会减少实收资本或股本。

（3）由于在环境治理和环境保护方面作出了较大贡献，环境业绩不断提升，并在社会公众中树立了良好的环境形象，从而吸引了更多的道德投资者，使企业的实收资本或股本总额增加。

2. 资本公积

资本公积是指由投资者或其他人（或单位）投入，所有权归属于投资者，但不构成实收资本的那部分资本或者资产。一般来讲，资本公积发生增减变化的原因很多，而与环境问题相联系的原因可能有：

（1）接收捐赠资产

企业在治理环境污染的过程中，可能会接受环保组织、其他机构、企业或个人的无偿捐赠，此时，企业的资本公积必然会受到影响。如果企业接受的是现金捐赠，需将其全额计入"资本公积"项目，从而使资本公积总额增加；如果接受的是非货币资产捐赠，应将其暂时计入"资本公积—接受捐赠非现金资产准备"科目中，这也将使企业的资本公积总额增加。

（2）资本溢价

如果企业的环境治理和环保措施取得了良好的效果，企业的经济效益和环境效益也在不断提高，必将吸引更多投资者向企业投资，而新的投资者实际缴付的出资额超出其资本金的差额即"资本溢价"部分将被计入"资本公积"，因此企业的资本公积总额将有所增加。

3. 盈余公积

盈余公积是指企业按照规定从净利润中提取的各种积累资金。其受环境问题的影响主要表现在：

（1）由于盈余公积是按照企业净利润的一定比例提取的，因此其金额大小与企业一定时期的净利润密切相关。而对于存在环境问题的企业而言，由于其必须经常支付各种环境支出，发生高额的环境成本，或由于治理污染、利用"三废"生产产品、变废为宝而取得一定环境收益，因此其净利润必然受到环境问题的影响，相应地"盈余公积"项目也将受到影响。

（2）由于企业提取的盈余公积可以用于弥补亏损，因此，一旦企业因为环境污染问题而导致经营亏损，就很可能出现用盈余公积补亏的情况。

4. 未分配利润

未分配利润是指企业年度内实现的利润总额按照有关规定和程序分配完毕以后，仍然结存的那部分利润，因此，其金额大小与企业的一定时期的利润总额和利润分配政策有关。就环境问题对其影响而言，主要表现在：由于环境问题的存在会影响企业一定时期的利润总额和相应的净利润，因而也将使企业提取的各项盈余公积和发放的股利或利润受到影响，其结果必然是企业未分配利润项目也受到环境问题的影响。

可见，环境问题的存在将使企业的所有者权益项目受到影响。总的来讲，这些影响表现为两方面：①不利影响。在未解决好环境问题之前，实收资本、盈余公积和未分配利润项目都可能会受到不利影响，其规模和水平都可能比正常经营条件下有所下降；②有利影响。企业的所有者权益项目有可能在治理环境污染的过程中或是在治理污染之后受到有利影响，尤其是在治理污染之后，企业经济效益和环境效益均得以提高，利润总额增加，并将吸引更多的投资者，企业所有者权益的总额必将会不断增加。

四、环境问题对企业收益的影响分析

企业积极参与治理污染也有可能会直接或间接地产生某种经济收益，同时，环境问题还可能会对企业的其他收益项目产生不同程度的影响。现分析如下：

1. 环境问题对企业环境收益的影响

企业参与环境治理可能会取得一定的环境收益，就常见的形式来看，这些可能的收益主要有：

（1）利用三废生产产品将会享受到对流转税、所得税等税种免税或减税的优惠政策从而增加税后净收益。

（2）从国有银行或环保机关取得低息或无息贷款而节约利息所形成的隐含收益。

（3）由于采取某种污染控制措施（如购置设备、环保技术研究等）而从政府取得的不需要偿还的补助或价格补贴。

（4）有些情况下，企业主动采取措施治理环境污染所发生的支出可能会低于过去交纳的排污费、罚款和赔付而赚取机会收益，等等。以上环境收益的取得，不但会使企业一定时期的经营成果受到影响，而且也将对其他的收益项目产生一定影响。

2. 环境问题对企业主营业务收入的影响

决定企业一定时期主营业务收入总额的因素主要有产品的销价以及该时期的总销量，因此，环境问题对企业主营业务收入的影响主要体现在对产品销价和销量的影响上。对于任何企业，无论是在生产过程中存在环境污染，还是产品消费使用的过程中、使用后存在环境污染，其产品的销售都会受到影响。

（1）如果企业的生产造成了环境污染，例如向外界排放了含有大量有害物质的废水，破坏了周围的自然环境和居民的正常生活，这不仅严重违反了国家的环境保护法，毁坏企业自身的环境形象，还会使企业的产品销售在市场经济激烈的竞争条件下面临困境，产品的销量必定会大幅下滑。企业为重新赢得市场，在投入资金解决好环境污染问题的同时，还必须适度降低产品销价，以价取胜，否则将引起产品滞销和存货积压，严重的还会导致企业停产或破产。

（2）如果企业生产的产品属于非环保型产品，即产品在消费使用的过程中或使用后出现环境污染问题，那么其销售也会受到不利影响，尤其是在现代科技突飞猛进、新型环保产品层出不穷的条件下，企业所面临的竞争将是非常残酷的，企业不得不调整销价以适应市场环境，即使是在采取各种应对措施以后，其产品销售规模也难以避免下降的趋势。由以上分析我们不难看出，对于存在环境问题的企业，如果不及时采取措施治理环境污染，其产品销售必定会面临严重冲击，相应地，企业的主营业务收入总额必定会减少。

3. 环境问题对企业其他收益项目的影响

（1）其他业务收入

环境问题对企业其他业务收入既存在有利影响，也存在不利影响。如前所述，如果企业利用"三废"生产产品，那么销售这些产品所取得的收入则可记入"其他业务收入"；得的收入也应当记入"其他业务收入"。如果企业将"三废"销售出去，相应取而环境问题对其他业务收入的不利影响表现在：企业环境污染问题的存在将导致企业环境形象被破坏，从而影响企业的产品销售和正常经营业务的进行，因此其他业务收入也很可能会受到不利影响。

（2）投资收益

环境问题对企业投资收益产生影响有两个方面的原因；①被投资企业的原因。如果企业在其他企业有较大金额的投资，而被投资企业面临着严重的环境问题，那么企业的投资将面临着环境风险，环境问题对被投资企业的各种不利影响将直接影响投资企业投资的安全性与收益性，被投资企业因环境问题遭受的损失将会减少投资企业的"投资收益"；②投资企业本身的原因。如果企业本身存在严重的环境问题，有可能出现周转资金短缺而减少投资总额或提前收回投资的情况，而无论是减少投资总额还是提前收回投资都将对企业的"投资收益"产生影响，从而对企业的经营成果造成不利影响。

（3）补贴收入和营业外收入

环境问题也会对"补贴收入"产生影响，例如企业因进行污染防治工作卓有成效而获得的政府补贴，可记入补贴收入棚；而企业接收的外单位对污染损失的赔款等则应记入"营业外收入"。综合前两节地分析可知，由于环境问题的存在，企业的各项收益、支出项目均不同程度地受到了影响，因此企业的经营成果必然会受到影响。一般来讲，利润是企业生产经营成果的综合反映，一定时期的利润总额等于营业利润、投资收益、补贴收入和营业外收支净额各项目的总和。由前面的分析我们知道，对于存在环境问题的企业，如果不采取有力措施治理环境污染，其营业利润、投资收益、补贴收入以及营业外收支净额将会受到不利影响，企业的利润总额和净利润很可能会比正常情况下有所减少；而如果企业采取有效措施进行了环境治理，例如购置环保生产设备、进行技术创新变废为宝、实施清洁生产等，那么企业经营成果受环境问题的负面影响会大大减少，环境问题也将不再成为企业发展的阻碍因素，企业一定时期的经营成果将会得以不断增加。

五、环境问题对企业盈利能力的影响分析

所谓盈利能力，是指企业在一定时期内赚取利润的能力，盈利能力对企业来说是至关重要的。企业从事生产经营活动，其根本的目的就是赚得尽可能多的利润并维持企业持续稳定地经营和发展。获取利润是企业持续、稳定发展的前提，而持续、稳定地发展又是企业得以获利的基础。企业只有在不断地获取利润的前提下，才有可能获得持续、稳定的发展。会计报表使用者通过分析企业盈利能力情况，判断企业盈利能力的高低及盈利能力的持久性和稳定性，发现影响企业盈利能力的原因，并在分析的基础上做出相应决策"。无论是投资者、债权人还是企业管理人员，他们都日益重视和关心企业的盈利能力以及任何影响企业盈利能力的因素。

1. 环境问题对企业盈利能力的影响

通过前两节的分析我们知道，由于环境问题对企业的环境收益、环境支出以及其他各项支出和收益会产生不同程度的影响，并将使反映企业盈利能力的指标销售成本利润率、总资产报酬率和净资产收益率等受到影响，因此企业一定时期的经营成果和盈利能力就必然会受到影响。随着我国对环保问题越来越重视，并制定了日益严格的环境法律法规和制度等来限制企业的环境污染行为，迫使企业主动采取环保措施。同时，社会公众的环保意识也在不断地增强，他们强烈地反对和拒绝任何形式的环境污染行为。如果企业在生产经营中大量排放污染物，超过国家或地方标准，那它将极易面临罚款、诉讼赔付、污染治理等风险。这些风险一旦成为现实，企业将遭受巨大损失，污染严重的企业甚至被迫关闭或停业。"。

可见，由于环境问题的存在，将使企业面临的环境风险增加，企业正常的生产经营活动也会受到不利影响，相应地企业的盈利能力也会下降。面对客观存在的环境问题和日益严格的环境法律法规，企业别无选择，只能组织环保机构和人员，采取环保措麓。在此过程中，企业不得不投入大量资金、技术和人才治理污染或转产环保产品、实施清洁生产等，企业正常的生产经营活动和销售活动不可避免地受到影响，企业的盈利能力也将暂时受到影响。然而，企业在解决了环境问题之后，环境支出逐渐减少，环境收益不断增加，企业的环境形象也逐步改善，这必将使企业轻装上阵，各项经济活动和日常交易也将顺利展开，销售收入大幅增加，因此企业的盈利能力将不断增强，企业也将得以持续、稳定地发展。

2. 环境问题影响企业偿债能力，从而对企业盈利能力产生影响

企业偿债能力是指企业偿付一切随时可能到期债务的能力及保证未来到期债务及时偿还的可靠程度。企业盈利能力是指企业取得利润最大化的能力。从根本上说，企业偿债能力和企业盈利能力是相辅相成、相互支持、密不可分的，它们之间存在着统一性。企业较

强的偿债能力是提高企业盈利能力的条件和手段。企业生产经营管理的各方面都必须围绕着企业利润最大化这一中心而运转，财务管理是企业生产经营管理的重要环节，对提高企业盈利能力有着义不容辞的责任。企业财务工作的基本职责就是要使企业有着良好的财务状况，具有较强的偿债能力，为提高企业盈利能力创造条件。同时还要以企业偿债能力的增强为手段，进一步提高企业的盈利能力。例如，企业短期偿债能力强，银行便会乐意以优惠的条件提供贷款，这不仅为企业取得更多的盈利提供了资金，同时还会节省筹资费用，增加企业盈利。再如，企业偿债能力强，能及时支付一切到期债务，便会提高企业的信誉，企业有了较高的信誉，就很容易争取到一个良好的理财环境，从而有助于企业各项理财工作得以更顺利、更有效地完成。这无疑为企业盈利能力的提高创造了条件。

第六章　土壤污染对土地价值投资的影响

土地价值投资是以土地为载体，或以土地价值为投资对象，通过对土地进行开发，促进土地增值，从而获得收益。土地投资项目需要耗费大量的建设资金、物资、人力等资源，且一旦建成，短时间内较难于更改。随着我国土壤污染问题加剧，融资的环境风险级别越来越高，使得以土地作为担保的风险与不动产的投资风险越来越大。当土壤污染之后，土地的价值投资受到影响，不仅增加了土地的开发成本，而且治理后的土地价值也需要进行评估。因此相对于一般经济活动，加强土壤污染风险的分析与管理，重视土壤污染风险所带来的损失风险，并盘活存量污染土地，提高污染土地集约化利用率，对推动我国经济可持续发展具有重要的实践意义。

第一节　土地价值投资的概述

一、土地开发概述

1. 土地开发的概念

土地开发是指单位或个人通过采取各种措施，将未利用土地改造成农用地或其他用地的活动。按开发后土地用途来划分，土地开发可分为农用地开发和建设用地开发两种形式。其中，农用地开发包括耕地、林地、草地、养殖水面等的开发；建设用地开发指用于各类建筑物、构筑物用地的开发。

2. 土地开发的分类

土地开发包括将土地开发成农用地和建设用地，一般分为土地一级开发和土地二级开发。

（1）土地一级开发，是指政府实施或者授权其他单位实施，按照土地利用总体规划、城市总体规划及控制性详细规划和年度土地一级开发计划，对确定的存量国有土地、拟征用和农转用土地，统一组织进行征地、农转用、拆迁和市政道路等基础设施建设的行为，包含土地整理、复垦和成片开发。

（2）土地二级开发是指土地使用者从土地市场取得土地使用权后，直接对土地进行开发建设的行为。

3.土地开发程序

（1）开发主体

土地一级开发工作主要由政府授权或土地储备机构来完成，不管是包含农地征转用过程的土地一级开发，还是使国有土地由生地变熟地的土地一级开发，实施主体往往是政府授权的一级开发公司或土地整理储备机构。

（2）开发程序

1）计划编制

首先要根据国民经济和社会发展规划、土地利用总体规划、城市总体规划以及土地供应计划、土地利用年度计划和土地储备开发计划，来编制土地一级开发计划。

2）前期策划

根据已编制的土地一级开发计划，原土地所有者或使用者在征得县（区）人民政府和镇级人民政府或上级主管部门同意后，向市级国土资源管理部门提出土地一级开发申请。市级国土资源管理部门受理申请并进行预审，委托土地储备机构编制土地一级开发实施方案。

3）征询意见和审批

市级国土资源管理部门会同相关部门，包括规划、建设、交通、环保等部门，就土地一级开发实施方案提出原则意见。

同时，土地一级开发项目涉及征用土地的，土地储备机构根据计划和规划有关手续分别向所在区（县）政府提出征地申请，由区（县）政府按规定程序办理征地报批手续；涉及农转用的，向国土资源管理部门申办农转用手续；涉及房屋拆迁的，向房管部门办理房屋拆迁手续。土地储备机构通过委托或招标的方式确定土地一级开发主体，并下达土地一级开发批复，签订土地一级开发合同。

4）组织实施开发

土地一级开发主体着手进行拆迁调查、评估，按相关政策文件协商制定拆迁安置补偿方案等等，并需经过政府主管部门审查通过。与此同时，进行一级土地开发的开发商要及时做出土地规划方案，以核定土地性质、使用功能、范围、规模、开发强度等技术经济指标。完成以上准备工作，就可以针对地块实施拆迁、拆除、三通一平或七通一平等工作。

5）项目验收

土地一级开发项目完成后，土地储备机构负责实施，由市国土资源管理部门会同相关部门根据《土地一级开发合同》、计划和规划的批准文件进行验收。验收合格的建设用地，纳入政府土地储备库。

二、土地开发与利用经济分析

1. 土地的经济特性

土地的经济特性是在人类对土地的开发利用中产生的，在人类诞生以前尚未对土地进行开发利用时，这些特性并不存在。土地的经济性是以土地的自然特性为基础，是由土地的自然特性所决定的区别于其他商品的特性，它包括以下五个特性：

（1）土地供给的稀缺性

土地供给的稀缺性，不仅表现在土地供绘总量与土地需求总量的矛盾上，还表现在出于土地位置的固定性和质量的差异性，所导致的某些地区和某种用途的土地供给的稀缺上。

（2）土地利用方式的相对分散性

由于土地位置的同定性，对土地只能根据其适宜的条件分别加以利用，而不能集中利用，因而土地利用方式相对分散。这一特性，要求人们在利用土地时要进行区位选择，合理规划土地的用途，以提高土地利用的综合区位效益。

（3）土地利用方向变更的困难性

土地有多种用途，并且随着社会的发展，人类认识能力的提高，土地的潜在用途还会不断地得到发掘，但是一般来说土地已经投入某种用途后，再改变其利用方向是比较困难的。这首先是受土地的自然条件的制约，其次还由于在用途转换中往往要造成巨大的经济、社会和环境损失。因此，人们在对土地的开发和利用进行决策时，要进行周密的规划. 科学的评估，尽量减少决策失误。

（4）土地报酬的递减性

土地报酬的递减性，是指在技术不变的条件下，对一定数量的土地的投入超过一定限度后就会产生边际报酬递减，这要求人们在对土地增加投入时，必须寻找在一定技术经济条件下的投资适合度. 确定适当的投资结构，并不断地改进技术，以提高土地利用的效益。反过来说. 由于土地报酬递减性，在对某一区域土地投资达判一定程度后，进一步投资的边际收益变得越来越小时，就需要寻求那些投资边际收益较大的土地进行开发。例如，当其他土地开发的收益空间已经很小时，对城市中废弃的污染土地进行开发可能有更大的盈利机会。

（5）土地利用后果的社会性

由于土地是自然生态系统的基础和主要组成部分，并且土地互相联结在一起不可分割不可移动，因此，对每块土地的开发利用，不仅影响本区域内的自然生态环境和经济效益，而且必然要影响到邻近甚至全球的生态环境和经济效益，产生巨大的社会后果。

例如，在一个严重污染的工厂不仅给周围带来环境污染，而且还会影响到所在区域的房地产市场价格。正冈为土地利用后果的巨大社会性或者叫外部性，所以各个国家和地区的政府都对土地的开发和利用进行宏观管理，实行较为严格的监督和调控。

2. 土地的供给

由于地球上土地的总面积基本是固定的，对于特定区域的土地面积也是固定不变的，这里所指的土地供给。一方面是指可供人类进行现实经济利用的土地的供给.另一方面是指可供利用的土地在不同用途之间的转换性供给。

土地是否可以利用是由土地的自然特性和经济特性决定下的土地的使用价值所决定，而土地的使用价值取决于的土地的地理位置、形成母质、地形地貌、土壤质地、水文特性、气候条件、海拔高度、植被、交通条件、环境质量，并且受到社会的经济、政治和文化等因素的制约，因此土地的供给可以定义为在特定的社会历史条件下和自然条件下，某一地域或社会实体范围内所能提供给社会合理利用的各种生产、生活和其他社会活动以及生态需要的各种土地数量。土地的供给通常可以分为自然供给和经济供给。

（1）土地的自然供给及其制约因素

所谓的土地的自然供给.是指土地自然形成的可供人类利用的部分，因此土地的自然供给又称为土地的物理供给或实质供给，它一般是指地球供给人类可利用的最大的土地数量：这个数量包括已利用的土地资源和未来可利用的土地资源（域叫做后备七地资源）。土地的自然供给相对稳定，一般不受任何人为因素或社会经济因素的影响，因此它是无弹性的。

土地的自然供给受下列因素的制约：

1）适宜于人类生产生活的气候条件。

2）适宜于植物生长的土壤质地和气谈条件。

3）可利用的淡水资源。

4）又可供人类利用的生产资源。

5）一定的交通条件。

6）安全健康的自然生态环境。

（2）土地的经济供给及其影响因素

所谓的土地经济供给，是指在土地供给的基础上，通过人类的劳动投入和投资开发，可以直接或间接给人类带来效益或积极效用的各种用途的土地供给及其经济转换。由于受经济发展水平、土地开发活动、用地结构调整和土地规划等社会因素的影响，土地的经济供给，这是因为自然供给仅仅提供了土地利用的可能性，只有土地变成经济供给后，方可为人类所利用。在人类利用土地的过程中，随着人口的增加和经济的发展，对土地的需求量和需求的种类也在不断变动之中，扩大土地的经济供给和改变土地用途的活动持续不断地进行着。土地的经济供给的增加不仅包含总量的增加，而且还包括土地使用结构上的消长和土地使用效益的变化。影响土地经济供给的因素同自然因素相比要复杂得多，其中基本的因素可以归为一下六个方面：

1）各类土地的自然供给

某种用途的土地自然供给从根本上限定了该用途土地经济供给的变化范围，它是经济供给的基础和前提。

2）利用土地的知识和技能

知识和技能从扩大土地的可利用数量和范围，以及提高土地的利用效率，两个方面来影响土地的经济供给水平。

3）社会需求

土地供给的目的就是为了满足社会的需求。在一定程度上需求决定土地供给的数量和结构。土地需求的变化能促进土地利用方向的调整，影响土地开发和利用的效益和利用的程度。

4）价格

某类社会价格上升，会导致该类产品与生产和供应有关的土地价格的上升，从而增加这类土地的供给。土地作为一种资源或生产要素，对土地的需求大多是一种引致需求，并非是直接需求，我们对土地的需求大多来源于对利用土地作为资源要素投入的产品的需求，产品的需求增加必然引起对投入要素的需求增加。因此，在探讨和考察需求规律和制定土地的开发利用政策中，首先要考虑引起土地需求变动的来自社会的需求因素，即从源头上把握土地需求的深层原因。

5）土地利用的政策和规划

土地作为一种重要的资源，决定了它在国民经济中的特殊地位。如何扩大和有效利用宝贵的土地资源，一直是各国经济和社会政策关注的一个重要方面；而且土地开发和利用往往具有很大的外部性影响。如何调节和控制土地在开发和利用过程中的社会效益、生态效益和私人效益之间的矛盾，也是政府部门的职责所在。目前来看，一般是通过制定土地的利用规划和其他相关的政策手段来加以调节、控制和引导，这些手段的实施必然会影响到土地的供给和需求。

6）土地供给者的行为

按照经济学的假设，在完全信息和特定的市场结构下，一个理性的土地供给者能够根据上述影响因素，按照利益最大化的原则，合理地供应土地。但是社会现实不可能符合经济学的理想条件，土地市场不完善和土地所有者的行为要受到社会条件的制约或影响，土地所有者的行为不可能按社会利益最大化来行事和决策，即他们的行为可能是非理性的。

（3）增加土地经济供给的措施

根据影响土地经济供给的因素，增加土地的经济供给的途径有以下五种：

1）提高集约经营水平

这是一种内涵式发展。提高土地利用的集约度是增加土地经济供给的重要手段，主要是通过提高土地的生产率，或更准确地说提高土地的经济效益来达到间接增加土地经济供给的目的。

2）建立合理的土地制度

合理的土地制度，尤其是合理的所有制度、使用制度、保护制度和补偿与惩罚制度，来调动社会各方面珍惜土地、合理利用土地和有效开发土地资源的积极性，同样可以起到稳定和提高土地供给的目的。

3）消费结构的调整

我们知道，对土地的需求多来源于把土地作为生产要素而产出的产品的需求。对消费结构的调整，一方面来源于这样的认识：土地因自然、社会经济技术条件的不同，都有适宜生产一种或数种产品的能力。如果适当调节人们的消费结构使之与土地的适宜性相符合，那么土地的适宜性就能得以充分发挥，用较少的土地就能提供更多的满足人们需要的产品，从而间接增加土地的经济供给，也就是以更小的成本带来更大的效用满足程度。另一方面，对消费结构的调整，意味着土地的开发和利用要适应社会需求结构的变动，根据社会的发展需要。合理地配置土地的开发与利用的规模与结构，也是最大限度地实现土地效益的一个主要途径。按照经济学的原理。在完全竞争和完善的市场经济条件，依靠市场调节可以实现土地资源的优化配置，实现社会福利的最大化。

4）利用新技术

新技术韵应用，可以从以下三个方面起到直接或间接扩大土地的经济供给：一方面新技术可以提高土地的开发利用的广度和深度，提高土地资源的利用效率，减少资源的闲置和浪费：另一方面，开发利用能够替代或节约土地利用的新技术．可以节约土地资源：对于污染和废弃土地，利用经济可行的土地治理新技术，等于扩大了现有土地的可供利用的数量。

5）土地的保护

土地保护的内容，除了对耕地的保护和对尚未开发土地资源的保护，而且更要重视对已经受到污染和破坏的土地的治理和恢复。土地作为自然供给数量有限的资源，对土地的污染和破坏只能是土地的供给减少，只有通过对废弃土地的治理与恢复，才能扩大现存土地资源的存量，也就意味着对土地资源的二次开发利用。

三、土地价值的研究与分析

成功地房地产投资在于土地价值的发现。价值和金钱都是一种观念，价值处于波动之中，房地产也处于波动之中。对房地产开发产品而言，对土地价值的认识尤为关键。不同的价值观以及不同的产品设计方向赋予土地不同的灵魂，就会导致房地产价值的不同。所以说，对土地价值的挖掘，即是对金钱和价值的认识。也就是说，土地价值的发现是成功的房地产投资的关键。

1. 对土地价值的研究从宏观和微观两个方面分析

（1）宏观分析即土地 SWOT（深层次）分析

1）项目地块的优势。

2）项目地块的劣势。

3）项目地块的机会点。

4）项目地块的威胁及困难点。

此分析包括该土地的性质、权属关系、测绘情况、土地契约限制、在城市整体综合规划中的用途与预计开发计划是否相符等。

（2）微观分析即是项目土地性质调查，包括：

1）地理位置。

2）地质地貌状况。

3）土地面积及红线图。

4）土地规划使用性质。

5）七通一平现状。

6）与产品定位的关联性。

2. 土地价值的影响因素对开发商的启示

（1）城市性质对地价的影响

城市的性质指城市在国家经济和社会发展中所处的地位与所起的作用，是城市主要职能的反映。城市性质的差异，是决定城市地价水平的一个重要因素。城市性质制约着城市的经济、人口结构、规划结构、城市风貌、城市建设特别是土地使用的构成等各个方面，而不同性质的土地使用在经济效益上是有很大差异的，一个城市的职能越多，越能强化城市发展的聚集效益。现代城市职能中第三产业所占的比重越大，如金融贸易、信息展览、经营管理、旅游服务、商业零售业越发达，地价水平越高。因此，开发商在研究土地价值时首先应该结合城市性质加以分析，并考虑城市性质与所开发产品的契合程度，契合度越高则产品前景越好，土地也就越有价值。

（2）城市规划

城市总体规划的主要任务是根据城市规划纲要综合研究和确定城市性质、规模、容量和空间发展形态，统筹安排城市各项建设用地，合理配置城市各项基础工程设施，并保证城市每个阶段的发展目标、途径、程序的优化和布局的科学性。城市总体规划的科学与否，在很大程度上影响着城市土地价格。

从城市整体层面来看，城市未来地价的高低主要取决于城市土地配置的合理程度、用地功能布局、城市基础设施的发展水平，以及城市建设总体容量控制标准，这些因素主要是由城市总体规划决定的。从城市局部地域来看，地块的用途、开发强度及环境控制等决定地价的因素也取决于具体的规划控制要求。

土地价格尤其是城市土地价格不仅由土地利用现状决定，对土地利用前景的预期也是影响土地价格的重要因素。因此，城市规划的指导作用和前瞻性在很大程度上可以决定土地的利用前景，开发商对此应该高度关注。

（3）城市规模对地价的影响

城市规模指城市人口规模和城市用地规模，因为城市用地规模随着城市人口数量的浮动而变化，所以，城市规模通常按城市人口划分为特大城市、大城市、中等城市、小城市等。总体规划确定的城市发展规模直接影响着城市基础设施的标准、交通运输、城市布局、城市的环境等一系列问题，对城市地价水平有较大的影响。城市规模越大，基础设施的建设标准越高，交通运输系统越复杂，城市环境的营造越困难且成本越高，土地级差收益也越高。同时，按照我国城市土地使用的现状，城市规模越大，人口越多，人均用地指标越低，意味着土地供给与需求的矛盾越突出，土地资源短缺情况越严重，地价水平越高。因此，开发商在研究土地的价值的同时可以更多地考虑到供需状况，同时以城市规模作为依据。

（4）城市土地利用结构对地价的影响

城市土地的利用结构指城市各类用地在城市总用地中的比重，以及各大类用地内部各个组成部分用地的构成与比例。不同性质用地的价格差异是普遍存在的，而且相差很大。一般来说，商业用地地价最高，办公和住宅用地次之，工业用地地价最低，因此总体规划确定的城市用地构成与地价总体水平及地价总量密切相关；地价总体水平与商业用地的比重成正比例关系，而与工业用地的比重成负比例关系。商业用地在城市中的比重主要取决于城市的职能特点及规划用地的功能分区。同时，用地结构的合理化既有赖于土地价值的经济调节，也有赖于城市规划的政策调节，城市规划在遵循"充分发挥土地使用效益"的原则下优化城市用地结构，有利于提高城市地价的整体水平。因此，开发商在研究土地结构对土地价值的影响是更多的应该以城市职能以及城市规划方向作为指导。

（5）城市用地空间布局对地价的影响

区位地价级差是导致城市空间结构演变的基本动因之一。反过来，城市总体规划所确定的城市功能分区及空间结构也会对城市地价的空间差异产生影响。它具体体现在城市空间结构的层次决定土地价格的分级体系；商业、住宅、工业等功能用地的聚集程度决定了房地产价格总体水平和不同土地等级间价格差异的幅度，即城市用地功能分区及用地功能混合情况决定了地价级差，规划道路运输网结构及道路密度与地段价格直接相关。

对于一般城市而言，聚集程度及交通区位是影响地价的两个最主要的因素。首先，用地聚集程度越高，尤其是商贸服务业、办公楼宇等聚集程度高的城市各级中心地区，往往是地价峰值区。其次，城市房地产价格上涨最快的地区一般是交通便捷的地区，尤其是城市新发展区。规划新开通干道、高速公路出入口两侧土地，地价迅速上涨，表明交通条件的改善对城市土地价格的提高起着直接的促进作用。聚集程度较高、交通条件优越的地段不仅本区域地价水平较高，而且通过传递、扩散作用，可以带动周边地域地价水平的提高，从而影响城市地价的整体水平。

综上所述，在城市土地价值研究的同时应该考虑很多宏观影响因素，而宏观因素大多有城市性质和城市规划决定。城市性质决定了城市规划方向，城市规划方向又决定了城市发展规模、城市土地利用结构、城市用地空间布局，这些都是宏观层面上影响土地价值的因素。城市规划是一个城市发展的主要方向，它决定了城市快速发展的核心区域、决定了城市的主要走向，城市的发展前景、某块土地的利用前景都和城市规划息息相关，因此，开发商在研究一块土地的价值之前对这个城市的规划的充分了解是十分重要的。

3. 土地价值的影响因素

（1）土地形状

形状规则方正的土地便于利用和规划设计，其市场价值大于同等条件形状不规则的土地。另外，如果形状越复合待开发产品，则对于开发商而言价值越高。

（2）土地面积

面积适中的土地可以面向更多的用户，过大或过小的面积都将在一定程度上限制土地的使用。但不同的经营活动对土地面积需求不同，所以合适的面积大小没有固定不变的指标。

（3）交通环境

一般而言，便利的交通会提高土地的使用价值。但经营活动性质不同，对交通环境的要求也不同，比如普通住宅和别墅对交通环境的要求就截然不同。

（4）区位条件

区位在一定程度上取决于交通条件，更重要的是判断是否处在信息集散地，是否临近相关产业的产学研基地等。如对商务活动的选址。

（5）土地性质

主要指土地的权属。不同的权属在进入市场后会面临不同的费用和办事程序，在一定程度上会影响使用者的投资成本。

（6）建设现状

地上建筑物或现阶段的经营活动直接关系到拆迁、安置等方面的费用，而且这部分费用在开发成本实际中的比重越来越大。

（7）土地七通一平状况

土地基础设施的配备程度、管线的连接程度直接决定了土地的运营成本以及后续活动的进行，七通一平状况越好越能节省许多后期投资成本，因此此类土地价值也会相对较高。

（8）片区规划

城市规划影响着城市的发展，对城市建成区而言主要影响片区未来的配套和建设强度，对城市郊区甚至农村用地而言则意味着土地性质确定。

（9）投资目的

由于目前涉足土地开发的企业越来越多，而且规模越来越大，对这些公司而言土地经营或房地产开发可能只是整体投资计划中的一部分。其目的可能是为了分散投资风险，或者作为获得资金的手段，或者是为了创造利好消息来支撑公司股票价格等等。不同的目的会对土地价值做出不同的判断。这一点必须在土地价值评判过程中事先明确。

三、污染土地开发的阻碍因素

1. 污染土地开发中的利益相关方

污染土地开发过程中要涉投到社会许多方面的利益，我们把这些受到影响（积极和消极）的个人或组织称为测盏相关方。出于在开发过程中所处的地位、担负的责任、追求的目标和利益不同，使这些相关方对于污染土地开发所持有的态度和期望也各不相同，并以不同的方式对开发过程施加影响，这一方面使开发过程更加复杂化，另一方面也促使开发的决策更加审慎和协调。在表6-1中列出了在污染土地开发过程中可能涉及到的所有相关方及他们在污染土地开发中的一般利益。

表6-1　污染土地开发中的相关方及其在开发中的一般利益

个人、公司或机构	在污染土地方程开发中的一般利益
土地所有者/开发商	建设安全、可销售性的新居住区；获得最大利益和及时回收投资；避免未来责任风险
所在社区	从开发中获得利益；确保居住环境的和谐性、适宜性；成为规划过程的一部分
未来的居民	获得适合需要和支付能力、安全性的居住环境
市政当局	确保现状和未来居民的健康、安全；在城市的开发和增长中获得利益；减少基础设施投入；避免未来责任
省级/自治区政府	确保本地居民的健康安全；避免未来的责任
联邦政府	促进可持续性社会的发展；避免未来责任
住房贷款抵押公司	为居民提供健康的居住条件；促进可持续性社区的发展；避免未来的责任；从低压保险的业务中获得利益
金融机构	从提供金融服务中获取利润；避免未来风险
其他专业人员（规划人员、工程技术人员、绿色、科研人员）	收取咨询服务费；避免未来风险；服务城市的可持续发展

从表6-1中根据污染土地开发中利益相关方的不同利益和期望，我们可以把他们划分为以下三种基本利益类型（并非按利益的等级划分）：

第一类是开发商和其他服务提供者在经济方面的利益。这些利益来自从生地或房产的出售中所获得的利润，以及从提供专业或金融服务中收取的费用。在非营利性的房产开发中，利益则表现为能够为居民提供经济适用的住房。

第二类是市政当局、地方政府和社区所追求的利益。这些利益体现在社区的健康、可持续性以及建设能够节约和降低基础设施投资及运营成本的城市。另外，房产开发还能够带来人口和税收增长，并由此推动城市的改造和发展。

第三类利益体现在责任的免除方面，即几乎所有的相关方部希望在污染土地开发的过程中避免任何未来责任的发生。这种避免承担未来责任的动机，对污染土地开发政策的制定和实施产生了极大影响，成为各个相关方面的共性利益，但又相互冲突：这种冲突不仅存在与利益相关方之间，而且体现在相关方自身在目标追求上的矛盾性。例如，对于前者来说，一方的风险往往是另一方的利益（如银行与开发商）；而对于另一种情况来说，风险和利益往往是共存的，风险越大收益也就往往越大。这就要求政府或金融结构必须对开发中的存在的机会和可能具有的责任风险之间进行仔细的权衡。责任问题的考虑往往在决策中占有最大的权重，因此成为阻碍污染土地开发的主要因素之一。

2. 污染土地开发过程中面临的问题

土地污染一个非常棘手的问题，这不仅是因为造成土地污染的来源复杂，对环境和人类健康构成了明显或潜在性的危害和风险，而且还涉及到极为复杂的技术、法律和经济等问题，这些问题的存在使得污染土地开发同一般土地开发相比要复杂得多。这种复杂性，不仅体现在解决许多复杂的技术问题，而且还体现在开发过程中相关方之间存在的利益冲突、目标矛盾及其协调问题。前者表现在污染土地评估和治理过程中面临的技术挑战，后者的表现在污染土地开发的审批过程中面临的阻碍，正是来自这两个方面的问题形成了污染土地开发的障碍。

（1）污染土地的评估和治理过程中面临的问题

1）文件评估

文件评估一般作为确定潜在环境问题是否存在的一个筛选手段，并为下一阶段的物化分析评估中的化学分析确定分析的内容及要求，这项评估并非在每个项目中都要求进行的，它一般是由那些有开发意向的开发商或他们的贷款方出于"买方谨慎"的原因而主动进行的。

2）物化分析评估

这一阶段的评估是对在第一阶段现场评估中，发现的存在环境问题的区域所作的进一步调查，通常称为第二阶段现场环境评估。在这一阶段的评估中要运用到一些较为复杂的调查、取样分析技术。开发商或其他相关方应该清楚在这一阶段的评估中可能存在着以下六个方面的问题，即由于场地原因没能发现存在的污染现象、缺乏足够的背景信息来指导调查、第三方的失误、由于进入限制和时间等原因而对调查及其结论产生的局限、场地自然条件的限制、其他方面的考虑，如环境敏感区域、进入限制、安全限制和操作限制。

（2）治理方案及实施

通过第二阶段的评估确定了治理的范围和目标之后，接下来就进入了制定治理方案或风险管理方案以及方案的实施阶段。这一阶段一般包括以下几方面的内容，即场地污染情况的描述、需要治理的区域和污染物质数量、为确定治理的技术而需要进行的实验的类型、对规定的审批要求的描述、沟通计划、建设计划、治理设计和投标、其他方面的考虑。

2. 污染物质处置的问题

如果场地的污染一旦被确定并经评估已对健康构成风险情况下，那么就需要在场地开发之前首先对污染情况进行治理或采取管理措施。大体有以下三类可供选择的污染物处理方案，即挖掘出受到污染的土壤并做填埋处理、就地或场外处理和现场管理，对这些方案的选择标准是保证人类和环境健康的基础上治理成本最小化。

第二节　土地污染对周边地块价格的影响

一、地产价格的内涵与外延

房地产是指土地、建筑物及固着在土地、建筑物上不可分离的部分及其附带的各种权益，包括土地和房屋两种财产的集合。房地产的物质特性构成其自然属性，自然属性又衍生出房地产的社会经济特性。①自然属性。房地产具有位置固定性，所以房地产不具有一般商品的地区流通性，只能就地开发利用与消费转让。另一方面，固定性决定了房地产的异质性，一般不存在两个完全相同的房地产实体。由于土地是不可再生资源，供给有限，因此房地产又具有数量上的有限性。②经济属性。房地产开发从征地到规划设计再到建成需要很多环节，因此房地产的资金投入额是巨大的。由于土地的稀缺性，房地产也表征出稀缺性特征，而房地产同时又是人们生活的必需品，因此房地产开发受供需关系影响明显。房地产还具有保值与增值的特性。

房地产价格是由房地产的稀缺性、功能性以及需求三者结合产生，其价格表现出不同于其他商品价格的特征：①地域性：土地的位置固定性使得房地产与周围环境（如：政治、经济、社会、自然等条件）互动频繁紧密相连，表现出极为明显的地域性，属地方市场，也使得城市房地产价格无法进行统一定价。②个别差异性：对于一般商品，由于其均质性，同一类规格、品种的商品可以重复批量的生产。而房地产产品高度异质化，区位的自然、社会、经济条件的差异都直接影响房地产产品的价格；另外，由于房地产不具备完全的自由市场，商品不存在统一市场价，因此交易的达成往往取决于少数的买家和卖家，交易主体的个别因素也是形成交易价格差别的重要因素。③趋升性：一般商品的价格取决于它的价值，由商品生产所投入的社会必要劳动来决定。随着社会经济的发展，劳动生产率的提高，单位商品的价值及其价格会下降。对土地而言，一方面由于需求的膨胀性、宏观供给的计划零弹性；另一方面由于使用与收益的永续性、成本价值的累积性等，使得土地价格会随着经济发展而呈现出不断上升的趋势，因此房地产价格也具有一定的趋升性。④房地产价格评估的复杂性：房地产价格特别是城市区域间具有明显的差异性，如自然丰度差异、资本投资差异等等，因此对其价格的影响因素很多，增加了房地产价格评估工作的复杂性。

1. 城市土地价格

土地是由土地物质与土地资本构成的自然经济综合体。土地物质是一种自然生成物，是天然存在的，没有凝结人类的一般劳动，但土地作为人类生产和生活不可或缺的物品，又是一种稀缺的资源。在土地开发利用过程中，加入了人类的劳动投入，包含了社会经济关系。因此，土地就同时兼具了资源和资本两种特性。城市土地价格是城市土地经济关系在商品经济下的特殊表现形式，究其本质由两部分构成，即城市土地资源价格和城市土地资本价格。其中，城市土地资源价格实际上是土地租金收益权的让渡价格，这部分地租收益可被视为利息收入；而城市土地资本价格则是人类投入土地的物化劳动的凝结，价格则是其货币表现。因此城市土地价格的内涵就包括三个部分：

（1）真正的地租，即绝对地租和极差地租。

（2）土地投资的折旧。

（3）土地投资的利息。

所以，马克思指出：土地价格就是地租的资本化。

2. 地价与房价的关系分析

（1）地价与房价关系的短期分析

地价与房价的关系一直是房地产相关研究中的重点。英国古典经济学家大卫·李嘉图就曾以小麦价格为例，认为谷物需求短期内的增加导致了土地价格的上涨，即产品价格决定土地价格。将李嘉图模型的观点引入到地价与房价的讨论中，从短期来看，土地供给缺乏弹性甚至零弹性，土地价格则主要由需求决定，而土地需求又主要由房产需求决定。房地产开发商在获得土地前，预先对房地产市场的需求与价格作出预测，进而决定需不需要购置土地以及以什么价格购置。显然，短期内是房价决定地价。

（2）地价与房价关系的长期分析

从长期来看，通过不同性质土地间的转换可以调节土地供给弹性。由于利润驱使，供给弹性会大于需求弹性，即土地供给对价格的反应度将大于土地需求对价格的反应度。房价的形成包含生产成本、流通费用、利润和税金等几部分。土地作为最重要的生产要素，其价格的上升必然提高房地产开发的生产成本，从而改变房地产的供给曲线。因此，长期来看地价上涨又是导致房价上涨的因素。

二、土地前期开发中的金融风险

目前各地政府为防范土地开发成本增加，拆迁难度大，资金占用多，普遍引入房地产开发商介入土地前期开发和土地储备过程，使得土地前期开发更复杂，金融风险更大。

1. 影响土地前期开发金融风险的宏观经济及外部因素

（1）整体经济环境和经济发展周期因素的影响

当经济波动，特别是处于经济周期的萧条阶段时，土地可能出现供过于求。在这种环境下，资金紧缺可能成为一种常态，可能导致一级土地出让市场和二级土地流通市场出现萧条的景象，这必将对正在进行的土地前期开发，造成重大的打击，甚至导致土地前期开发难以为继。整个市场的低迷，将导致土地前期开发投入的大量资金不能及时回笼，使项目不能良性运作，甚至导致资金链断裂。另外，金融和货币政策的变化是更加直接的影响因素，当国家实施积极或宽松的货币政策时，可能会土地价格上涨，泡沫增加，这个时候土地前期开发面临很大的不确定性和宏观金融风险。

（2）资产价格泡沫因素的影响

中国经济持续三十多年的高速发展中，房地产的价格是不断上升的，多年以来，对于土地和房地产价格存在价格泡沫和金融风险的争议一直没有中断过。有不少学者结合日本，台湾及南美的经验，探讨中国的房地产价格泡沫和金融风险问题，这些学者认为，中国的土地及房地产存在严重的价格泡沫和金融风险问题，如不遏制，后患无穷。另外一些学者则认为中国的房地产及土地市场，总体上并不存在严重的价格泡沫，金融风险是在可控范围之内。由于我国对于土地出让实施的是用途限制和总体规划的用地制度，在土地出让时一般有明确的开发建设年限限制和土地使用总体使用年限的规定；不仅规定了土地进行规划审批，而且还有报建等管理程序。所以，从某种程度上来讲，我国实行的土地使用制度，是有计划的市场经济体制，土地的市场活动受到限制，土地往往是供不应求的。从这个角度来看，土地总体的泡沫风险是可以控制的。但资产价格泡沫仍然是必须特别关注的问题。

（3）土地管理体制因素的影响

由于我们国家对土地的商品流通进行限制，造成了土地供应主体和渠道的单一，致使成本居高不下的同时，需求非常旺盛。在中国土地招拍挂的条件下，土地囤积困难很大，由于缺乏流通，我国土地总体较紧缺，目前主要是通过一级市场来进行土地交易的。事实上，由于土地使用年限短（一般在70年以下），开发成本高，税费多，我国土地转让很不活跃，只有少数股权转让和法院拍卖。在这种情况下，各级地方政府一方面由于对土地财政的依赖，需要寻找优质土地资源出让；另一方面由于资金的短缺和管理人才的缺乏，必须引进开发商的资金参与土地前期开发，因此土地前期开发的金融风险骤增，需要特别小心。

（4）产业风险因素的影响

近年由于保障房，棚改房，福利房，商品房，同时上市，整个房地产行业可能出现过热的苗头，产业风险增加，市场消化不良，危及房地产企业的金融安全和财务风险。另外，更加严厉地房地产消费信贷限制和限购政策的实施，将导致房地产的消费不足或资金缺乏，致使房地产不景气，这个时候土地前期开发主体应特别注意的市场风险和金融风险。

2.影响土地前期开发金融风险的内部因素

（1）地方政府

依照现行土地法规，土地储备和土地前期开发的主体是一般是政府及所属国有企事业单位，实行招拍挂之后，房地产土地储备与供应的责任主要是政府，政府供应土地至少必须七通一平，产权清晰，拆迁完毕，这些都需要花费用大量的人力和物力。经过多年的开发，那些闲散土地，地理便捷，容易开发的土地，往往已经开发完毕，现在要推出一块新的土地，往往是必须大量拆迁，或者要修桥修路，或者要对自然环境进行较大的改造，或者要完善大量的公共及教育配套设施，这往往需要引入大量资金。许多地方政府是通过土地抵押的方式获得银行贷款资金，地方政府在收储后，用土地出让金来还贷。如果开发项目不合理，碰到困难，土地前期开发就可能推进不下去，从而增加了地方政府的财务与金融风险。地方政府普遍通过大大高估土地价格和加大贷款比率的方式，来获得银行贷款；更有甚者，通过办理假土地证进行借款，潜在风险很大。

（2）金融机构

土地前期开发中的资金需求，无论是地方政府，农村集体经济组织，房地产企业，其他建设单位，都需要通过金融机构贷款来解决主要的资金需求。那么地方政府或者房地产企业，往往就是打银行的主意。土地开发过程中，涉及到房地产开发贷款，关联业务贷款，结算业务，房屋按揭贷款等，这些利益诱使金融机构参与到房地产领域来；由于多年以来，工商业和农业的发展周期长，贷款见效慢，金融机构更愿意贷款给发展比较迅猛的房地产行业，所以很多金融机构介入到了土地前期开发中的贷款中来。很多地方政府好多喜功，规划了一些不太实际，没有前景的开发项目，引入了一些没有实力和能力的开发商，不少金融机构，为了搞好地方关系，参与到这样的开发贷款中去，一旦项目失败，银行的金融风险就很大。最令人忧虑的是，有些地方严重违反国家土地行政管理法规，违法给没有经过法定审批程序，没有用地指标的土地办理土地使用权证，并用它来办理银行贷款，这就严重地侵犯了金融机构的利益，大大增加了土地前期开发中的金融风险。

（3）房地产开发商

地方政府的官员为了解决当地的经济发展和税收来源，获得更多投资少、见效快的政绩，往往特别热衷于引入开发商进行土地前期开发。本来属于地方政府责任的土地一级开发和土地储备，变成了委托给开发商，造成了在市政配套和拆迁补偿上一系列的错位，扰乱了土地一级开发中的政策执行。有些实力不够的房地产开发企业，通过巧立名目的方法，设立各种贷款实体，去银行借取开发资金，这些贷款主体往往不符合贷款条件，一旦项目失败，归还贷款的难度就比较大，骤增金融机构的金融风险。

（4）农村集体经济组织

农村集体经济组织由于受地方政府的影响，往往积极参加土地前期开发，并配合进行拆迁和经济补偿的工作，往往在意见不统一的时候，通过不完善的流程，配合政府和开发商完成土地征用。由于手续不完善，往往在后期引起村民的社会矛盾，导致项目不能顺利进行，或者不能按统一规划全面实施，从而造成项目流产或失败，这就往往造成参与土地前期开发中各方经济损失严重，加大了各方的财务和金融风险。

三、污染地块污染特征分析

1. 行业

从目前公布的污染地块来看，约41%的污染地块原址为废弃化工厂，化工行业是潜在土壤污染最大的风险源，如图6-1所示。此外，值得注意的是，部分行业并没有被列入《污染地块土壤环境管理办法》的疑似污染地块的定义中。比如，约12%的污染场地为废弃钢铁厂，9%来源于机械制造业。这两个行业并没有被明确列入疑似污染地块定义中。因此，在疑似污染地块的排查中也应关注除《污染地块土壤环境管理办法》中所列举的行业。

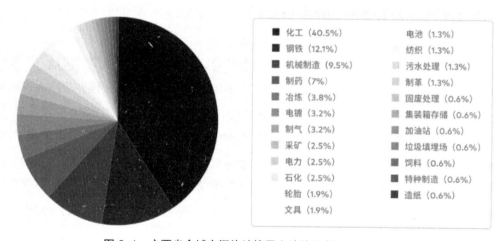

图6-1　主要省会城市污染地块原土地使用者所属行业

从城市来看，绝大多数的城市均有原址为化工厂的污染地块，如图6-2所示。其中太原、天津和武汉有最多原址为化工厂的污染地块。北京的污染地块主要来自废弃的钢铁厂，而重庆的污染地块主要来自机械制造业。

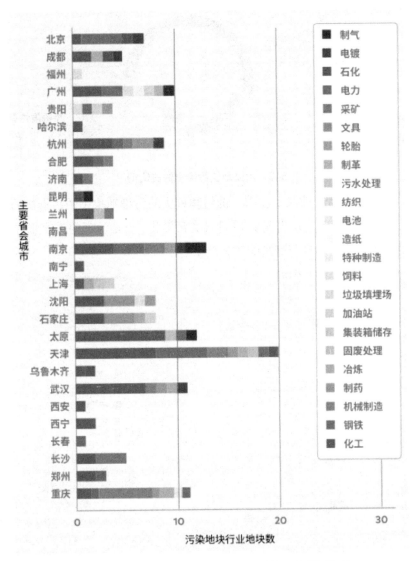

图 6-2　主要省会城市污染地块原土地使用者所属行业

2. 污染物

从污染物的构成来看，重金属是污染物类别中出现频率最高的，约为 54%。而其中铬是重金属中出现频率最高的污染物，是 10% 的污染地块的主要污染物（如图 6-3 所示）。除了重金属之外，挥发性有机物和半挥发性有机物也是污染地块中常出现的污染物，占比约为 23% 和 17%。其中多环芳烃和总石油烃，分别占比 11% 和 14%。

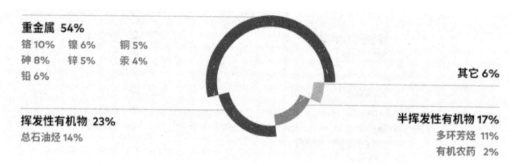

图 6-3 污染地块污染物的占比情况

而从城市的角度来看，武汉、沈阳、杭州和重庆的污染地块中的污染物的种类最为复杂。其中武汉和沈阳的污染地块出现了 14 种各类污染物，土壤治理的难度非常大。而天津、重庆和北京的污染地块受多环芳烃影响较为严重。

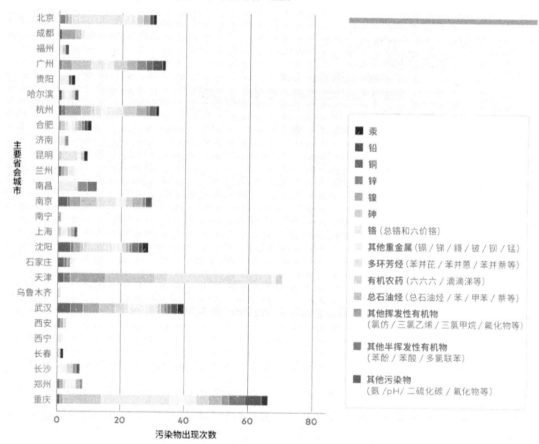

图 6-4 主要省会城市污染地块污染物占比情况

第三节　土地减量化对投资行为的影响

一、土地减量化的现状分析

随着城镇化的快速发展，中国许多超大城市的建设用地规模接近极限，而建设用地布局分散、结构不合理、用地效率不高等问题较为普遍，以牺牲资源环境为代价换取经济增长的发展模式已广受诟病。2014年，国土资源部出台《节约集约利用土地规定》和《关于推进土地节约集约利用的指导意见》，正式提出"减量用地"是实现节约集约利用土地的目标之一，"实施建设用地总量控制和减量化战略"。2015年，中共中央国务院印发《生态文明体制改革总体方案》明确提出"完善资源总量管理和全面节约制度"，明确"实施建设用地总量控制和减量化管理"，建设用地减量化管理上升为国家战略举措。转方式、调结构，更加重视生态和资源环境承载力逐步成为中国经济发展的新方向，土地利用方式也需要相应转变以适应经济发展。为适应经济发展新形势，上海市、江苏省等经济发达地区率先实行建设用地减量化，通过存量建设用地的高效利用减少对新增建设用地的需求。

1. 建设用地减量化的内涵分类和必要性

（1）建设用地减量化的内涵

减量化，就是通过政策和工程技术手段，把利用不佳的建设用地恢复成生态或农业使用状态。减量化管理的本质是节约集约利用土地，建设用地减量化涉及两个方面：①节约降耗，降低对新增建设用地资源的需求，控制建设用地的增长；②减存增效，通过压缩和减少现有建设用地规模，提高建设用地利用强度，达到集约增效目标。其内涵包括以下几个方面：

1）建设用地减量化是经济发展到一定水平后的结果。只有当经济增长达到一定水平，对建设用地投入的依赖度降低，建设用地减量化才可能实施。

2）建设用地减量化是建设用地增量资源消耗的减少甚至不消耗。表现为经济增长到达一定水平后，建设用地增量逐渐减少甚至为零，经济增长主要依靠存量建设用地。

3）建设用地减量化是建设用地总量的稳定甚至有所减少。未来经济发展主要是依靠存量建设用地的转移和盘活，建设用地总量可能会持续稳定；对于存量建设用地过大的区域，未来在总量上会有所缩减，建设用地出现"负增长"。

4）建设用地减量化过程需要全域用地结构布局的优化调整。建设用地减量化并非简单的建设用地减少，而是以减定增、增减结合的动态过程。通过建设用地减量化，将郊野地区低效的建设用地转移至建设区域，建设区域规模效益提高，郊野地区生态功能提升，实现全域用地结构布局的优化调整。

5）建设用地减量化是非物理层面的减量。建设用地减量化是基于区域土地承载能力的减量，减的是区域不合理的建设用地负担和城市外延式发展对土地资源的侵蚀。

（2）建设用地减量化的必要性

1）建设用地减量化是建设节约集约土地利用的需要

在推动土地节约集约利用方面，国土资源部和地方政府都进行了探索，总结出工业用地全生命周期管理、三拆一改等有效模式。即便如此，建设用地土地节约集约程度依然较低，主要表现为农村宅基地面积不降反增和工业用地利用效率较低。

2）建设用地减量化是经济发达地区经济转型的需要

经济发达地区城市的无序扩张与建设用地面积的不断扩大给中国的粮食安全和环境安全埋下了极大的隐患。经济发达地区已经进入工业化后期阶段或发达经济阶段，转型升级要求更高并且普遍存在资源环境瓶颈突出的问题。

3）建设用地减量化是推进城镇化进程的需要

城镇化是现代化的必由之路。建设用地减量化，可以解决农村地区普遍存在的建设用地低效问题，优化农村用地布局，促进农村发展转型，有利于农村集体经济的可持续发展和现代农业的发展，也可以减少分散的基础设施建设投资，提高集中区单位土地面积的投资，有效推进城镇化进程。

4）建设用地减量化是支持生态建设的需要

生态用地和建设用地空间优化布局，是协调好经济发展与生态建设的关键。建设用地减量化，将部分建设用地复垦为耕地，增加了生态用地数量，通过耕地质量提升、复合利用成林地等方式改善了生态用地质量。

（3）建设用地减量化的分类

1）根据建设用地减量方式划分，可分为规划减量和现状减量。

规划减量，强调未来分配的建设用地指标的减少；现状减量，是对存量建设用地的整理复垦。

2）根据减量的建设用地类型划分，主要分为工业用地减量、农村宅基地减量和相应配套建设用地减量。

3）根据减量化后的用途划分，可分为复垦为耕地和复垦为非耕农用地。复垦为耕地，主要为补充耕地数量，维持耕地总量动态平衡；复垦为非耕农用地，用于改善区域生态环境质量，同时满足部分副食品需求。

（4）建设用地减量化的阶段

建设用地减量化可分为建设用地增量减少和建设用地总量稳定两个阶段。在增量减少阶段，通过城市规划，缩减建设用地规划面积，减少新增建设用地需求，同时通过现状减量，提高建设用地利用效率，建设用地增量呈现逐年减少的态势；建设用地总量稳定阶段，经济发展主要依靠存量建设用地利用效率的提升和用地结构的优化,建设用地实现"零增长",在存量建设用地过大的区域,建设用地面积甚至出现"负增长"。

2. "建设用地减量化"的理论基础

（1）经济增长阶段理论

1990 年, M. 波特（M.Porter）提出经济发展的"四阶段"理论,将一个国家或地区经济发展分为生产要素推动（Factor-driven）、投资推动（Investment-driven）、创新推动（Innovation-driven）和财富推动（Wealth-driven）4 个阶段。随着经济阶段的演进,土地、水等初级要素在经济发展中的驱动作用将更多让位于资本和创新等高级生产要素。中国经济发达地区多处于要素推动阶段向投资推动阶段转轨时期,部分地区如上海市处于投资推动向创新推动迈进阶段,土地等初级要素的投入应逐步减少。

（2）环境库兹涅茨曲线假说

库兹涅茨曲线是 20 世纪 50 年代美国经济学家库兹涅茨分析人均收入水平与分配公平程度之间关系的一种学说。1996 年,Panayotou 首次将环境质量与人均收入间的关系称为环境库兹涅茨曲线（EKC）。环境库兹涅茨曲线假说（EKC 假说）揭示出一个国家在工业化起飞阶段,不可避免地会出现一定程度的环境恶化;在人均收入达到一定水平后,环境污染程度逐渐降低,经济发展会有利于环境质量的改善,即环境质量与收入呈倒 U 型关系。土地资源是资源环境的子系统,建设用地增量应该会随着经济总量的不断增长呈现倒 U 形的变化趋势,即在经济增长的初期,建设用地增量随经济增量的增长而增长,但当经济增量达到一定水平以后,建设用地增量会随其增长而下降。

二、土地减量化对投资行为的影响分析

1. 建设用地减量化典型地区实践探索

为更好地推进土地集约节约利用,上海市和江苏省根据自身发展特点和需要,试点推进建设用地减量化。

（1）上海市建设用地减量化实践

上海市计划以"198 区域"（指位于规划产业区和规划集中建设区以外,面积约198km² 的现状工业用地）为重点,逐步推进建设用地减量化,从建设用地增量减量化逐步过渡到总量减量化,其中 2015—2017 年建设用地减少 20km²,以实现到 2020 年实现建设用地负增长,规划建设用地总规模从原来的 3226km² 调减到 3185km²,目标净减少41km²。上海市立足于自身土地利用现状、特点和需求,明确了"总量锁定、增量递减、存量优化、流量增效、质量提高"的管理思路。该思路以优化存量土地利用结构、提高流量土地利用效率为途径,以提高土地利用质量为目的。其中,建设用地的总量是否超出规划、建设用地增量是否递减作为观测、评价工作成效的主要指标,也是对管理部门进行激励管理最便捷的考核工具。

在具体实施过程中，通过土地利用总体规划修编，在统筹城乡土地利用和产业布局基础上，将减量化任务落实到区（县），并制定 2015—2017 年"198 区域"减量化 3 年行动计划。同时，建立"管事"与"管人"相结合的实施举措，一方面对减量化的"198 区域"给予市级资金支持，加大产业结构调整政策支持力度，另一方面建立制约机制和考核机制，将减量化工作考核纳入各区土地节约集约利用考核评价体系。在总的实施途径上，充分运用增减挂钩政策，坚持集中建设区外建设用地减少（拆旧地块）与集中建设区内建设用地增加（建新地块）相挂钩的做法，通过城乡统筹发展水平提升来实现建设用地减量化。

（2）江苏省建设用地减量化探索

从经济转型发展的需求与条件来看，当前江苏省总体上建设用地总量从快速扩张进入稳定发展阶段，个别地区建设用地减量化的条件也基本成熟。在此基础上，江苏省提出 2020 年实现建设用地增量递减至零，2030 年实现建设用地总量减量化目标。为促进土地节约集约利用，江苏省制定了节约集约用地"双提升"行动计划，提出实施"空间优化、五量调节、综合整治"三大战略。空间优化战略中，差别化调控苏南、苏中、苏北地区建设用地，通过苏南地区减少增量、苏中地区优化存量、苏北地区集约利用，统筹区域协调发展。江苏省"五量调节"战略是指"控制总量、优化增量、盘活存量、用好流量、提升质量"。

可见，在建设用地管理思路上，江苏省与上海市高度相似，均通过对存量、增量、质量和总量管理，实现系统化的建设用地调控。但由于与上海市经济发展水平和土地资源相对稀缺性存在一定差距，现阶段江苏省更加重视增量优化和存量盘活，近期仍以建设用地增量减量化为主，长期逐步实现建设用地总量减量化。

（3）发达地区建设用地减量化实践经验总结

上海市、江苏省是我国经济发展水平最高、土地利用方式转型需求最紧迫的地区之一，也是建设用地减量化的领跑者。但是在减量化的目标与策略上，两个地区存在明显差异。上海市明确 2020 年实现建设用地总量减量化，江苏省近期则以建设用地增量减量化为主，计划 2030 年实现建设用地总量减量化。在地区选择上，上海市明确以"198 区域"为重点推进建设用地减量化，江苏省以昆山市作为试点小幅推进建设用地减量化。在实施方法上，上海市侧重于产业集聚与城镇工矿用地二次开发，江苏省侧重于土地综合整治。两个地区在建设用地减量化管理上的差异，与地区经济发展水平、土地资源禀赋和供需状况紧密联系。近年来，上海市产业结构加快调整，2015 年第三产业增长 10.6%，占全市经济比重上升至 67.8%，比 2014 年提高 3 个百分点。经济结构和发展方式转变为上海市建设用地减量化提供了重要的外部支撑。江苏省土地开发强度为 22.99%，其中苏南地区达到了 28.2%，主要依赖增量扩张支撑城镇化发展的用地方式难以为继，土地资源承载力倒逼建设用地减量化。相对于上海市，江苏省经济增长对工业的依赖度较高，苏中、苏北地区正处于快速城镇化、工业化阶段，短期内难以实现建设用地总量减量化，因此近期主要推进建设用地增量减量化。在路径设计上，上海市与江苏省均严格遵循循序渐进原则，优先实现建设用地增量的减量化，再逐步推进建设用地总量的减量化。

2. 建设用地减量化过程中遇到的问题

（1）减量化运行机制不健全

虽然上海、江苏等地进行了一定的探索，并初步建立了一套减量化运行机制，但是由于时间短、缺少可直接借鉴的经验等原因，目前的减量化运行机制尚不健全，处于边探索边完善的阶段。

（2）减量化缺少国家政策支持

长远来看，建设用地减量化有助于用地布局优化、城镇化建设和产业结构升级，但是，减量化，特别是现状建设用地减量在短时间内淘汰大量企业，大量农民需要安置，而新产业的落地和培育需要一定时间，短期内可能会对区域经济发展造成一定负面影响。目前的政绩考核中经济指标占较大比重，而减量化缺乏全国性的政策支持，仅依靠地方政府推进，势必影响地方政府建设用地减量的积极性。

（4）经济发展过程中存在对土地资源消耗的路径依赖

路径依赖是指经济、社会和技术系统一旦进入某一路径，由于惯性的力量而不断自我强化，使得该系统锁定于这一特定路径。在相当长时期内，中国以规模和数量为经济发展目标，经济建设形成了依赖土地大量投入且协调性不足的发展模式，地方政府多已习惯于依靠建设用地增量的发展模式。

（4）不同区域的社会经济发展阶段不同

建设用地是否进行减量，如何进行减量，与地方经济发展阶段和特征直接相关。建设用地减量化要从空间尺度上进行考虑。中国各省之间、各省级内部市（县）之间，社会经济发展状况差别很大，其减量化存在很大差异，需要根据实际情况合理选择推进减量化的时间，这为地方政府制定减量化政策增加了难度。

（5）减量化的资金不足，来源单一

建设用地减量化需要将建设用地上原有企业和农户减量，并进行合理安置，土地需要复垦整理，这些都需要大量的资金支出。上海市一些地区减量化成本甚至达到200~300万元，减量化成本偏高。而与巨额资金需求相比，减量化资金主要为政府部门的财政资金，且一次性投资数额有限。

（6）减量复垦出的耕地质量问题需要引起重视

由于减量化地块长期受到生产和生活影响，土壤中存在不同程度的污染，修复难度较大，可能会出现复垦的农村建设用地，表面是耕地而土壤质量不高的现象，因此，不宜直接用作耕地。但是，若复垦出的土地不用作耕地，减量化主体不能获得耕地占补平衡指标，地方政府的耕地保护任务难以落实，会导致地方政府减量化积极性的降低。

3. 建设用地减量化应遵循"三适"原则

国家经济发展进入新常态，土地利用向集约节约利用方向转变是必然趋势，减量化则是实现土地集约节约利用的重要途径。推进建设用地减量化有利于控制建设用地规模，保障国家粮食安全。对于城市发展自身，建设用地减量化有利于优化城乡用地结构布局，提升土地利用综合效益。在区域层面，实行有保有压的差别化建设用地调控策略，还有利于统筹推进区域协调发展。但是，推进建设用地减量化应避免对经济社会发展的不利影响。结合上海、江苏经验，提出科学推进建设用地减量化应当遵循的"三适"原则。

（1）地区要适合

建设用地减量化必须以经济发展水平和产业结构转型作为支撑，针对不同的城市和地区，应当实行差别化减量政策。经济发达、产业结构优化程度高、土地开发强度大的地区应该主动减量化。对于上海、江苏、广东等土地开发强度接近甚至超过国际警戒线（30%）的经济发达地区，应主动推进减量化。对于经济发展水平还不高，但城市土地利用粗放、效益较低的地区，则需被动适应减量化。即使在经济发达地区，能够真正推进总量减量化的往往也是局部地区。例如作为试点的上海市"198区域"，多位于市郊村镇，产能落后、污染治理差的乡办企业用地较多。在近期内，绝大部分地区应该追求建设用地增量的减量化，但是只有局部地区适合推广建设用地总量减量化。

（2）时机要适当

由于我国大部分地区已经经历了工业化、城镇化发展初期，进入经济稳定发展阶段，全面推进建设用地增量减量化的时机基本成熟但也应清醒地认识到，我国大部分地区的城镇化水平仍有较大提升空间，例如东北地区正处于转型发展和经济振兴的关键时期，中西部地区城镇化水平还不够高，贸然推进建设用地总量减量化可能会对经济发展造成巨大的影响。只有在一个地区存量建设用地结构调整与布局优化的内在需求非常强烈的发展阶段，才是总量减量化的适当时机。

（3）方法要适宜

建设用地减量化的基本方法是"控增量、减存量"。但不同地区应该结合自身实际，针对土地利用的主要问题采取最适宜的方法。

1）集聚发展

对于新增建设用地，做好企业及基础设施集中布局，充分发挥市场在资源配置中的决定性作用，使产业集聚集群化发展，引导产业用地紧凑布局、集约发展，并注意居住、商业用地与产业用地的协调布局，有利于提高土地利用效益，减少新增建设用地需求。

2）二次开发

政府引导和市场作用相结合，鼓励地上地下空间综合开发利用，对有较大潜力的存量土地进行二次开发，替代对新增建设用地的需求。

3）土地整治

结合农业现代化发展和新型城镇化建设，在探索更加合理的土地增值收益分配机制与农民权益保障机制基础上，有序推进空心村治理，对农村低效利用土地进行综合整治，节流与开源并举，通过优化城乡用地结构置换发展空间。

第七章 土壤污染对治理修复及再开发投资的影响

随着一系列顶层设计的推出，土壤污染防治治理路径和时间表逐步明朗。中国的土壤修复产业目前处于早期发展阶段，土壤修复项目资金主要来自政府（土壤污染防治专项资金），融资渠道单一。在拓宽土壤修复项目的融资渠道过程中，银行业金融机构在其绿色信贷中明确支持包括土壤环境治理在内的污染防治项目，加大支持土壤修复环保绿色产业的发展，推进土壤修复综合治理。

第一节 土壤污染对治理修复的影响

近年来开发的污染土壤治理方法主要有物理法、化学法和生物修复技术（Bioremediation）。其中生物修复技术具有成本低、处理效果好、环境影响小、无二次污染等优点，被认为最有发展前景。但在另一方面，由于污染物质的种类繁多、土壤生态系统的复杂性以及环境条件的千变万化，使得生物修复技术的应用受到极大地限制。往往在一个地点有效的修复技术在另一个地点不起作用。因此这些影响因素的确定和消除成为决定生物修复技术效果的关键。目前，国外在生物修复技术的应用及影响因素方面开展了广泛的研究并取得了一些进展。我国在这方面的研究尚处于起步阶段。

一、污染物特征

1. 污染物的化学结构

不同的污染物具有不同的化学结构。污染物的化学结构包括其分子排列、空间结构、功能团、分子间的吸引和排斥等特征，并由此决定其生物降解性。

一般来讲，结构简单地污染物比结构复杂的容易降解，分子量小的污染物比分子量大的容易降解。这是因为聚合物和高分子化合物难以通过微生物的细胞膜而进入细胞内，微生物的胞内酶不能对其发生作用，同时也因其分子较大，微生物的胞外酶也不能靠近并破坏化合物分子内部敏感的反应键。以石油烃为例，许多研究表明，微生物能够降解石油中的饱和烃和轻质芳香烃组分，而其中的高分子重质芳香烃、树脂等则难以降解。

通常情况下芳香族化合物的生物降解性较脂肪族差，而且化合物所含苯环数目越多，稳定性越强，可生物降解性越差。Zappi 等学者的研究表明：受污染土壤中的单环烷烃和链烷烃能够被微生物氧化利用而被去除，但芳香烃和环烷烃由于难以降解而常常滞留在土壤中。

化学官能团的类型和取代位置对污染物的降解性能也有很大的影响。部分官能团如羟基、氨基等的取代作用能够提高芳香烃的可降解性，但氯取代基、硝基的取代作用却会产生相反的影响。在氯代芳香化合物生物降解方面的研究发现：高电负性的氯原子强烈吸附苯环上的电子，使苯环成为一个疏电子环而难以被微生物氧化。氯取代基数量越多，氯代芳香化合物的生物降解性越差。取代基的相对位置也可造成生物降解性能的差异。在三种二氯苯中，存在邻位＞间位＞对位的关系。

受污土壤中有机污染物大多数是人工合成的外源性物质（xenobiotics），由于本身化学结构的复杂性和生物陌生性，通常不易被生物降解。迄今为止，众多学者对于外源性物质的降解性评价、降解机理、降解菌株分离等方面进行了大量研究，并取得了许多有益的成果。

2. 污染物的生物可利用性

它指的是土壤环境中的污染物能够被微生物利用或降解部分的数量大小。生物可利用性大小的不同可以产生以下三种情况。

（1）污染物的生物可利用性太小会导致微生物不能获得足够物质和能量供应而无法维持代谢的需求，这时生物降解就不会发生。

（2）当存在一个较低的可利用的污染物浓度时，微生物能够维持自身的生存。这时会出现污染物被降解的情况，但是由于没有新细胞的产生而使降解速率受到限制。

（3）当有足够可利用的污染物时，微生物不断增殖，可以使降解速率达到最大。这是生物修复中所希望出现的最佳情况。由于污染物的生物可利用性决定了生物降解进行的速率，因此被认为是影响生物修复最重要的因素之一。

污染物的疏水性，土壤颗粒的吸附以及微孔排斥作用都会影响污染物的生物可利用性。低水溶性的物质形成独立的非水相，微生物不能直接利用，而且这种非水相容易产生生物毒害。疏水性的污染物还容易被土壤颗粒吸附。目前的研究表明：被吸附的污染物通常难以被微生物利用。因此当解析所需的时间超过生物降解所需的时间时，解析速率便成为整个反应的限速步骤。许多研究者发现土壤被污染的时间越长，越难以被修复。这是因为随着污染时间的延长，污染物逐渐扩散到一些极小的土壤微孔中，这些微孔的内空隙比一般土壤微生物的体积长度要小，阻挡了微生物的进入，因而降低了污染物的生物可利用性。这就是所谓的微孔排斥作用。影响生物可利用性的因素还有污染物的分布特性、初始污染物浓度、土壤颗粒分布状况及有机质含量等。

由于表面活性剂能够改善疏水性污染物的溶解性从而增加污染物生物可利用性，因此在土壤污染的生物修复中得到广泛的应用。常用的表面活性剂可分为人工合成的表面活性剂和生物表面活性剂两大类。生物表面活性剂是由微生物等产生的天然表面活性剂，因其具有临界胶束浓度（CMC）低、易降解等优点而倍受青睐。Oberbremer 等人的研究表明：通过向泥浆反应器中加入制备的生物表面活性剂可以提高烃类物质的降解速率，并增加可降解的烃的种类。Herman 通过向实验土柱中投加鼠李糖脂研究对十六烷降解的影响，结果表明十六烷的去除率和鼠李糖脂的浓度呈正相关性。

二、微生物的降解能力和活性

1. 微生物的降解能力

污染土壤生物修复中的主要作用者是具有污染物降解能力的微生物，部分真菌和植物。土壤中的微生物种类繁多、数量巨大，很多受污地点本身就存在具有降解能力的微生物种群。或者在长时间和污染物接触后，土著微生物能够适应环境的改变而进行选择性迸发和遗传改变产生降解作用。土著微生物对当地环境适应性好，且具有巨大的降解潜力，目前在大多数生物修复工程得到应用，但是土著微生物存在着生长速度慢，代谢活性低的弱点。在一些受高浓度生物外源性物质污染的场所或当地条件不适于降解菌大量产生时，需要接种高效降解菌。一种方法是直接从污染场地分离筛选降解菌，经富集强化后使用；另外还可以利用分子遗传工程手段构建高效的基因工程菌（ genetic engineering microor-ganism，GEM）。接种的外来降解菌，一方面要经受当地环境的考验，另一方面还受到土著微生物的竞争，因此需用大量的接种微生物形成优势，以便迅速启动生物降解的过程。

2. 微生物的活性在实施

生物修复中希望提高微生物的代谢活性以使生物降解的速度和程度都达到最大。但是土壤是一个相对贫瘠的环境，许多微生物生长代谢所要求的条件难以具备，需要采取措施加以消除。这些限制因素包括：氮源、磷源营养物、电子受体等。

微生物的生长繁殖和代谢过程需要碳源，N、P 和多种无机盐类。有机污染物中含有大量的碳和氢，同时土壤中存在各种无机盐，基本可以满足降解过程中微生物的营养需求。N、P 营养物是常见的微生物生长的限制条件，适量添加可以提高微生物活性促进降解反应的进行。目前在石油污染治理上的大量研究表明，补充 N、P 营养能够显著提高降解菌的数量和活性，缩短污染物去除所需要的时间。

电子受体的缺乏常常成为影响生物活性的重要因子，因此需要进行补充以增强微生物的呼吸速率。对于好氧降解，常用的补充氧的方法包括：土壤深耕，富氧水加注，气泵充氧或注入 H_2O_2 以释放游离氧。H_2O_2 在水中的溶解度约为氧的 7 倍，每分解 1 摩尔能产生 0.5 摩尔氧气，具有较好的充氧效果，相关研究和应用的报道较多。在缺氧条件下，可以投加硝酸盐和碳酸盐作为替代的电子受体，比氧更有效地提高降解菌的生物活性。也有研究者应用一种固体产氧剂提供游离氧，发现微生物的数量增加了 10 ~ 100 倍，其活性也有了很大的增强。

微生物在受污染土壤中的存活和性能是决定生物修复成败的关键。除了营养物外，生长限制因素还包括原生动物的捕食，与其他微生物的竞争，场地条件等。在实验室中培养出来的微生物，在自然环境中的存活对其能否实际应用于田间极其重要。

三、环境因子

1. 温度

温度不但直接影响微生物的代谢和生长，而且通过改变污染物的物理化学性质来影响整个生物降解的进程。目前绝大多数生物修复都是在中温条件（约 20℃ ~ 40℃）下进行的，该温度最适宜微生物的代谢和生长。在低温条件下微生物生长缓慢，代谢活性差。有报道显示：当温度低于 10℃ 时，石油烃类的降解速率明显下降。在寒冷地区，可以通过覆盖塑料薄膜，抽取地下水加热后回灌等方法提高土壤温度以利于生物降解的进行。目前在寒冷和高温等极端环境中生物修复研究的一个热点是寻找合适的降解菌，例如 Sorkop 等从沙漠样品中分离出一株嗜热菌，该菌在 60℃ 下仍具有原油降解能力。在石油污染治理的研究中发现，低温下石油黏度增加，短链有毒烷烃的挥发作用减弱而水溶性增加，于是延缓了生物降解作用的开始；当温度偏高时，烃类的毒性增加，也会对微生物产生抑制，最佳温度范围为 30℃ ~ 40℃。

2. pH 值

由于绝大部分细菌生长 pH 值范围介于 6 ~ 8 之间，中性最为适宜，生物修复的研究和应用也集中在这个范围。但是在实际土壤环境中，偏酸性或偏碱性的情况并不少见，通过调整土壤的 pH 值可以明显提高生物降解的速率，常用的方法有添加酸碱缓冲液或中性调节剂等。在酸性土壤的治理中，价格低廉的石灰常常被用于提高 pH 值，但要使用时要注意防止影响 N、P 等元素的生物可得性。

3. 土壤类型

在生物修复技术的应用中，土壤类型是一个重要但往往被忽视的影响因子。总的来讲，黏性小的砂质土适于实施生物修复，而黏性大、易形成土壤团块的粘质土则不适合。土壤的渗透性的好坏是决定生物修复是否成功的另一个关键。因为在渗透性好的土壤中营养物和电子受体的传质速度快，有利于生物降解反应的进行。在渗透性差的土壤中情况则相反。

4. 土壤含水率

土壤微生物需要水以维持其基本的代谢活动。含水率低的土壤，不但营养物质和污染物的传质速度低，生物可利用性差，而且对依赖水流作用力进行迁移的单细胞微生物的活性造成不利影响。含水率过高又会妨碍氧的传递。一般认为土壤含水率为 50% 时有利于生物修复的实施。

四、污染场地土壤修复工程环境监理

目前，我国的土壤污染在世界上属于比较严重的国家，很多地区的土壤环境污染远远超过国际水平。这些地区的耕地土壤质量比较差，特别是一些含有工业废气的土地，其污染指标严重超标。随着我国城市化不断推进，很多工业场地都需要及时修复。而污染土地的修复工程往往需要比较长的时间，这就需要对监理时间做出探讨，污染场地土壤修复工程环境监理时间过长容易导致极其严重的后果，严重影响土壤修复效果，造成成本增加。

1.污染场地土壤修复工程环境监理时间的重要性

明确污染场地土壤修复工程环境监理的时间是指导整个环境污染土地修复工程工作高效进行的重要步骤。污染场地土壤修复工程环境监理时间的相关制定是结合有关的管理部门所制定的各种相关规章制度和法律标准以及相关的技术规范所探讨出来的。污染土地土壤修复工程环境监理时间主要从以下几个方面体现出来：

首先，环境监理时间要切实保障整个环境污染土壤修复工程的进行，要确保这一工程能够和相应的文件达成一致，要让环境修复工程落到实处。除此之外，考虑这一项目对民众产生的各种影响，要做好相关的宣传工作，帮助广大民众完成相应的环境工作。做好相关的环境宣传工作，让民众了解制定污染土地土壤修复工程环境监理时间的好处。这一项目的监督者必须有牢靠的责任意识，要有担当，对环境的不利因素考虑到位，及时处置问题，把土壤修复工程完成彻底，保证人民健康，保障环境土壤修复工程监理工作顺利进行，保障监理工作材料完整，保障项目验收合格。

2.减少污染场地土壤修复工程环境监理时间的配套措施

污染场地土壤修复工程建设必须明确相关的环境监理工作，做好相关的治理措施，做好监理工作，减少污染场地土壤修复工程环境监理时间，避免对人民群众的生活产生极大的影响。要强调速度与质量同等重要，对生态环境有足够重视，把环境监理的具体工作细化完成，做好相关的配套措施。

（1）做好污染土地土壤修复工程环境的监理工作，减少环境监理时间

化学生产项目是整个污染土地土壤修复工程当中的重要一环，这个环节是最容易产生污染的环节，容易对人民的健康产生极大危害。大部分化学生产项目对于土壤的修复采用的是开始挖掘的方式，因为它的地面通常是土质结构，所以一般都会选择用挖掘的方式施工。挖掘过程会结合具体情况，适度用机器和人工辅助，这就需要污染土地土壤修复工程环境的监理人员能够做到修复工作过程中的废水排放工作，在排放的过程当中把大量废水和污水从土地中排出来，对于这些污水的来源和各项指标进行实质检测，通过检测设置数据库，做到能够及时处理污染。监理工作产生的施工污染，也就是产生的废气污染、粉尘污染会产生大量的粉尘和扬尘，要做好严密的监测和保护，对于施工过程当中产生的种种

废气和污染，要做好实时监控确保最后达到设计排放的标准，粉尘的浓度也要符合国家的要求。相关管理部门一定要要求施工的团队要在路面上洒水，保持较少扬尘。值得注意的是要注意洒水频率和量，不要产生二次污染。对于产生垃圾要做好处理工作，对于不符合要求的行为，要求他们改正，满足施工环境。

（2）做好污染土地土壤修复工程环境设施的相关监理工作，减少环境监理时间

做好与污染土地土壤修复工程相关环保设施的监理，把环境保护的设施建设到每一处，如大气处理设施要根据设施建设的程度进行投放使用，必须建立相应的制度，保证项目能够顺利完成，防止出现土壤修复失败的现象，减少环境监理时间。

（3）做好生态环境保护工作，减少环境监理时间

做好相关生态环境的保护，避免出现多次修复的现象。在项目实施过程当中要谨慎地挖掘土地，防止较大的水土流失。要科学合理地进行加工，做好量和质的保证。施工地点一定要科学合理，及时地将废物重新利用或者及时处理，不能随意储存。另外，需要明确的是环境监理的具体工作，做好相关生态环境的保护工作，提升环境监理工作的质量，为生态环境保护工作作出自己的贡献。

总而言之，污染土地的修复是一项非常重要的环境保护工作，它能够减少对周围环境产生的各类污染，有关责任部门必须对其高度重视，必须有高度的责任感，明确其中存在的污染源，采取有效的方法减少污染源头。方法必须迎合我国社会主义发展的要求，符合我国情的基本需要，既要能发挥经济效益，又要能发挥社会与环境效益，推动经济健康发展，推动整个工业体系整体性发展。当然，截至目前，污染场地修复的标准并不完善，相关的体系并不全面，调查过程过于复杂，这使污染场地修复环境监理时间过长，严重影响人们的日常生活，严重影响污染土地的修复效率。人们必须深刻掌握土壤存在的问题，建立健全相关体系，细化相关制度，加大投资深化研究相关的技术，促成成果转化，减少土壤修复环境监理时间，达到少而精的目的，最终提高土壤修复效果，保持整个生态平衡运转。

第二节　土壤污染对企业再开发投资的影响

一、污染土地的历史根源及程度

中国的城市和农村都面临着十分严峻的土地污染问题。自 20 世纪 50 年代以来，随着中国工业化和现代化进程的开始，中国城市中逐渐出现了大量的被工商业污染的土地（在西方文献中又称为棕地），其具体数量目前中国还没有全面的统计数据。

中国棕地的产生可以追溯到 50 多年前（甚至新中国建国前的更早时期）一些高污染

工业企业的建设。当时，大多数工厂建在城市的周边地区。如今，这些生产历史悠久、工艺设备相对落后的国营老企业，经营管理粗放，环保设施缺少或很不完善。因此，造成的土地污染状况十分严重。有些场地污染物浓度非常高，有的超过有关监管标准的数百倍甚至更高，污染深度甚至达到地下十几米，有些有机污染物还以非水相液体（Non-Aqueous Phase Liquid，NAP）的形式在地下土层中大量聚集，成为新的污染源，有些污染物甚至迁移至地下水并扩散导致更大范围的污染。

二、城市发展压力和对污染土地问题的关注

由于土壤污染具有滞后性，而且过去在土壤污染物的识别和监测中还存在诸多困难，使得土地污染问题在过去受到关注较少。工业企业搬迁遗留遗弃场地是近年来中国城市化进程加速的产物。污染企业搬迁在各大中城市得到了大力实施，如海河流域的北京和天津、东北老工业基地、长江三角洲和珠江三角洲（见表7-1）。

表7-1　近年来中国一些大型城市的工业企业搬迁情况

北京	四环内百余家家污染企业搬迁，置换800万 m² 工业用地再开发
重庆	2010年主城区的上百家污染企业实施"环保搬迁"
广州	2007年以来上百家大型工业企业关闭、停产和搬迁
上海	老工业区的数十家企业实施搬迁
沈阳	2008年数十家污染企业搬迁；2009年搬迁改造城区内所有重污染企业
江苏	百余家化工企业搬离主城区，关停小化工企业多家
浙江	2005年以来有数十家大型企业异地重建或关闭

污染土地的环境问题已经成为土地再开发过程中的一个障碍。目前一些位于城市中的老工业区由于污染问题迟迟不能进行再开发。环境污染（包括地下水、土壤、危险废弃物和一般固体废弃物的持续倾倒）以及土地所有者及开发商的责任问题都成为原工业用地再开发及城市发展的障碍。城市中污染土地的遗弃及其延迟再开发，还会产生更为深远的社会影响，诸如生活环境差、就业机会减少甚至增加社会不稳定因素等等。

三、中国污染场地修复与控制的开端

近年来在快速城市化和污染土地再开发过程中，发生了一些严重的土地污染事件。其中有些事件经过媒体报道，引起了公众的关注。

根据2017年发表的《工业污染地块环境监管实践》，重庆市污染地块开发监管流程总结如下（图7-1）。

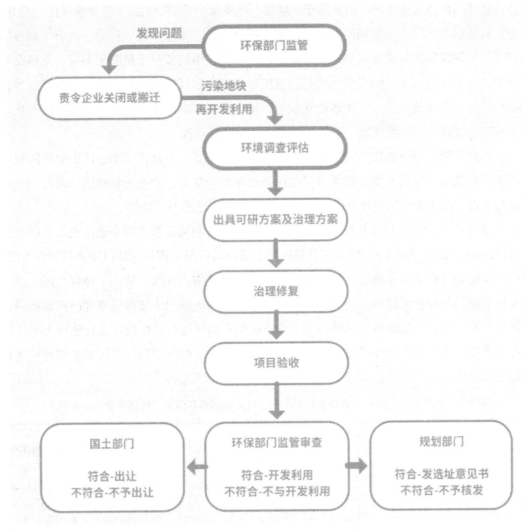

图 7-1　重庆市污染地块开发监管流程

重庆市污染地块监管制度有两点有益的经验。

1. 环保部门"前置审批"监管

重庆市为了保障城市污染地块的治理效果，建立起了环保部门、国土部门、规划部门等密切配合的联合监管体系。重庆市实行严格的环境风险评估制度，若没有环保部门出具的搬迁企业原址环境风险评估的结论意见以及污染场地治理修复竣工验收意见，规划部门将不予核发《土地公告函》等文件，或不予办理规划选址意见书；国土部门也将不受理其土地招拍挂的申请，土地出让流转将受到限制，有效预防了污染地块未经治理就进入土地市场。

2. 土壤环境审核贯穿土地开发的主要环节

重庆市在污染地块的开发过程中，土壤环境审核一直是土地开发各环节中重要的审批条件。根据 2017 年重庆市颁布的《重庆市环境保护条例》19 的规定，在工业企业搬迁时，

宏观环境政策对企业投资决策行为的影响研究

经济信息部门调整工业布局，应向国土、规划、环境保护等部门通报工业企业关闭、合并、转产、搬迁情况。在土地规划阶段，重庆市也明确要求，工业用地收回后，符合《划拨用地目录》的规定采取划拨方式重新供地的，建设单位在申请核发选址意见书时，需提交环境保护主管部门的意见。值得注意的是，重庆市也是中国目前为数不多将监管制度延伸到污染地块规划阶段的城市。在土地出让阶段，重庆市也要求国土部门对未开展风险评估或者未完成治理修复的污染场地，不得组织土地出让或者划拨。

虽然重庆市的污染地块监管制度取得了一系列的进展，但是重庆市的污染地块的制度仍需进一步完善。如其并没有建立专门的污染地块治理基金，企业治污费用、政府的专项财政投入占到污染地块治理资金的大多数，可能导致治理的不可持续。

除重庆之外，2018 年各省陆续公布的污染地块开发利用监管条例中也出现了一些有参考价值的制度设定（表 7-2）：首先，部分省份将土壤环境状况的审核与建设用地规划许可证、建设工程规划许可证以及建设工程施工许可证的批复挂钩。其次，增强了环保、国土以及城乡规划部门的配合和协调。例如，部分省份要求了国土部门、城乡规划部门在审批污染地块的开发手续时，需取得环保部门关于该地块的书面回复。这些制度设计使得土壤环境状况的审核纳入土地管理部门对土地的管理过程，在一定程度上实现了污染地块开发过程中的全程监管。

表 7-2　部分省份污染地块监管条例对国土、城乡规划和环保部门协调配合的相关规定

省份	国土资源部门在审批相关手续时与环保部门的协调	有效的环境保护主管部门书面通知；修复后地块未达到土壤环境质量标准的：不得办理涉及相关地块的建设工程规划许可证；已办理建设工程规划许可证的，不得办理建筑工程施工许可证
河北	征求环境保护部门意见，取得书面回复	需提供有效的环保部门书面通知
浙江	需有效的环保部门有关污染地块修复情况的书面通知	—
河南	未按规定开展活动，不予审批	无法提供相关活动报告地块不予发放建设用地规划许可证、建设工程规划许可证、建设工程施工许可证
四川	提供证明用地达到土壤环境质量标准；未达标准的，已纳入年度供地计划或出具供地方案的，不得办理该地块土地使用权收储、出让（含划拨）、转让或终止等手续	修复后地块未达到土壤环境质量标准的：已出具规划条件文件的，不得办理建设用地规划许可证；已办理建设用地规划许可证的，各级住房城乡建设主管部门不得核发建设工程施工许可证

四、面临的挑战

目前，污染土地修复和再开发对于政府、企业所有人、开发商及本地社区来说，都是一个重要的挑战。因此，污染场地的监督与管理已逐渐成为环境主管部门的一个非常重要的职责。在中国，行之有效的针对污染土地管理的制度和法规，目前尚在逐步建立和完善过程中，仍有一些问题需要解决。开发适合中国实际、费用效益好的修复技术仍然处于起步阶段。

环境保护部强调了中国目前土壤环境及其管理面临的严峻形势，指出：

（1）中国部分地区土壤污染严重，其中以工业企业搬迁遗留遗弃土地为主。

（2）土壤污染类型多样，呈现出新老污染物并存、无机有机复合污染的局面。

（3）由土壤污染引发的农产品质量安全问题和群体性事件逐年增多，成为影响群众身体健康和社会稳定的重要因素。

（4）土壤污染途径多，原因复杂，控制难度大。

（5）土壤环境监督管理体系不健全，全社会土壤污染防治的意识不强。

（6）风险和"暴露"成为亟待解决的重要问题。污染土地需要进行清理的原因很多，如减少对居民健康的威胁，改善环境，为城市发展提供新的可利用的土地。然而，不像美国超级基金场地那样修复之后并不用于开发从事其他经济活动，在中国，由于土地资源紧缺，很难找到适于开发利用的新的土地。因此，大量棕地面临再开发，其中一个重要的问题就是土地清理之后新的开发商购买和开发后的责任界定。如果场地被证实仍然存在污染或者污染判定的标准变得更加严格，那么，他们未来的职责范围是什么呢？对于棕地的历史污染者和未来开发商来说，责任的问题都必须清楚解决。而责任的界定对于清理后棕地的出让价格和开发都具有重要影响。责任界定不清楚，开发商在对棕地进行大规模投资时就会存有顾虑。

第八章　土壤污染的投资风险因素

目前为止尚没有明确的土壤污染风险定义，本文将土壤污染风险概括为自然因素和人类活动行为引起的一些潜在的与土壤污染有关的风险。一般来说，自然环境、经济环境、技术环境、社会环境和政治环境都和土壤污染投资有着千丝万缕的联系。从风险识别、转移的角度出发，结合自然、经济、社会、文化、制度建设、舆论媒体宣传与监督等方面，诠释土壤污染的投资风险因素，主要有以下方面。

第一节　背景风险

背景风险指受自然因素的影响，由于土地的高背景值，使得土壤某有害元素含量较高超过标准阈值，对土地本身及其附属物产生直接破坏，造成区域土壤（或地下水）污染风险，对土地开发和经营过程造成影响，使土地投资受到经济损失的风险。

土地财政依赖度高是中国许多省会城市的共同特征。研究者分析了 2015—2017 年中国主要城省会市地财政收入，发现中国省会城市对于土地出让金地依赖严重，绝大多数省会城市土地依赖度属于中度依赖（20%~35%）和高度依赖（35% 以上）。土地依赖程度最高的城市达到了 52%，即土地出让收入占了政府收入的 52%。在如此高土地财政依赖度的情况下，地方政府难免存在加速土地转让以充足地方财政的考虑。在此影响下，具有高商业价值污染地块在开发过程中常常压缩土壤修复的必要时间，导致修复治理上存在"赶工期"的问题。

选取 10 座省会城市，并依据《中国城市土地市场分化、土地财政依赖度与经济风险评价》所提供的土地财政依赖程度分类方法进行了划分，大致可以分为土地财政中度依赖（20%~35%）和高度依赖（35% 以上）两组。再通过对这十座城市的染地块修复时间的整理发现 14，土地财政高度依赖的城市比土地财政中度依赖的城市污染地块平均修复时间压缩了近 56 天。如图 8-1 所示，"赶工"的趋势明显。这种"赶工"的现象还反映在开发模式上。例如在已出让的污染地块中，约有 44% 的污染地块尚未完成修复，仅有 30% 的污染地块已完成修复（如图 8-2 所示）。也即是说地方政府先出让污染地块，再修复该地块。但是这种"先出让，后修复"的方式缺陷在于，土地使用权人出于尽快回收资金的考虑或地块开发工期的压力，可能压缩污染地块必要的修复时间。

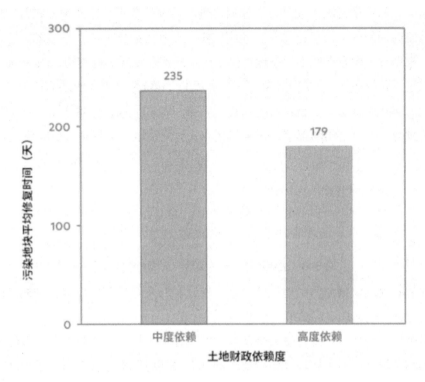

图 8-1　不同土地财政依赖度下污染地块平均修复时间

图 8-2　主要省会城市已出让的污染地块治理修复进度

这种"赶工期"的状态会出现两方面的问题：一是土壤修复的质量不能得到有效地保障。土壤修复具有一定的难度和复杂性，同时需要相对长的时间做修复效果的反馈和追踪，保障土壤修复的效果。

2018 年生态环境部出台的《污染地块风险管控与修复效果评估技术导则》16 要求实施风险管控的地块应进行修复后的长期环境监测，保障土壤修复的效果和管控潜在的风险。但是目前这种"赶工期"的状态下，很难保障有充足的时间来做土壤质量的长期追踪，以保障土壤修复的质量。其次，即便土壤修复在这种"赶工"的状态下快速完成，修复项目本身的"二次污染"问题可能会成为潜在的环境风险。在目前现有的修复技术条件下，土壤修复主要有两大类：原位修复和异位修复；所谓原位修复就是在不移动现有的土壤的情况下，采用物理、化学或生物处理等方法对现有土壤进行修复；而异位修复则是需要移动现有的土壤，在原场址范围内或经过运输后再进行治理的技术。这两种方式各有优缺点，例如原位修复时间较长，而异位修复时间则较短。在赶工的压力下，很多城市不得不选择异位修复。根据对全国省会城市污染地块修复信息的整理发现，目前约 75% 污染地块在修复上都采取了"异位修复"的方式（如图 8-3 所示）。异位修复最大的缺陷在于二次污染，无论是翻动土壤还是迁移有毒土壤都有可能对污染场地的周围，或者污染土壤的接收地造成污染，特别是在人口密集的都市，这种修复方式对附近地区会带来一定的环境风险。

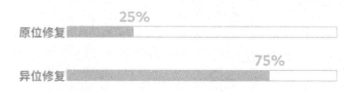

图 8-3　主要省会城市污染地块土壤修复方式

土壤环境状况的审核在污染地块的规划、转让和开发等环节并没有得到充分的重视，是形成目前这种"赶工期"局面的重要原因。

《污染地块土壤环境管理办法》规定："污染地块未经治理与修复，或者经治理与修复但未达到相关规划用地土壤环境质量要求的，有关环境保护主管部门不予批准选址涉及该污染地块的建设项目环境影响报告书或者报告表。"同时，《土壤污染防治法》规定："未达到土壤污染风险评估报告确定的风险管控、修复目标的建设用地地块，禁止开工建设任何与风险管控、修复无关的项目。"但无论是《土壤污染防治法》还是《污染地块土壤环境管理办法》，都没有明确说明土壤环境状况的审核在污染地块开发的前端环节（如规划、转让、用途变更和土地开发等）需扮演什么样的角色（如土壤环境状况的评估是否构成污染地块出让和使用的审批条件），以及相关土地管理部门和环境部门的在监管上需如何协调。这样的缺失导致污染地块未完成经治理修复的情况下，容易被规划变更或出让，进而压缩了后期治理修复的时间。

第二节　修复风险

修复风险指对土壤污染进行治理修复后，修复未达标或产生次生污染等面临的风险。可能会使投资结果远离预期目标，迫使投资人追加投资进行治理，增加了投资风险。

一、欠缺有效的土壤修复标准体系

现阶段，在修复污染场地土壤过程中，缺乏较为完善的修复标准体系，从而造成土壤修复工作难以在污染场地中有效地开展。另外，污染场地土壤修复的是否成功、有效，则需要以污染场地中的土壤为研究对象，对其进行详尽的评估与检测，以此来更好地判断修复成果。然而，由于我国具有广袤的国土面积，各个地区的土壤类型存在极大的差异，并且由于存在地理因素等客观因素的影响，导致不同地区的土壤理化性质存在极大的差别。另外，对于我国污染场地的修复工作来讲，由于是在最近几年才开始研究，导致相应的土壤污染修复标准体系尚未得到完善的建立，由此造成土壤修复的效果与质量难以从根本予以保证，所以为后期土壤修复质量的评价和检验带来了极大的难度。

二、《土壤污染防治法》目前制度规定的不足

当前法律仅用一条三个条款对于土壤污染防治基金的内容进行了规定，具体管理办法由国务院财政主管部门会同国务院生态环境、农业农村、自然资源、住房城乡建设、林业草原等主管部门制定。这些部委之间的关系错综复杂，不难想象，行政系统的分裂会导致不一致的管理方法以及不必要的法律和财务纠纷。受规管的行动者和环境专业人员必须满足可能互相抵触的规管要求，他们会发现很难设计科学严谨、经济合算的调查和修复计划，并执行这些计划。

1. 我国土壤污染防治基金制度存在的问题

（1）顶层法律制度设计方面存在的问题

2019年颁布的《土壤污染防治法》，弥补了我国多年来土壤污染防治方面的立法空白，该法从土壤污染防治的责任主体、治理的规划、标准、监测等方面都对土壤污染治理予以了明确。针对土壤污染防治基金制度的问题，《土壤污染防治法》第71条提出建立土壤污染防治基金制度，通过中央与省级设立防治基金的方式，对农用地污染、无法认定土壤污染责任人的土壤污染治理运用基金支付的方式进行土壤功能的修复与治理。

2020年财政部等部门联合颁发的《土壤污染防治基金管理办法》对基金的设立、运行与管理进行了规定。但是土壤污染防治基金制度的顶层设计依然存在问题，《土壤污染防治基金管理办法》一共有19条，从整个条文规定上看，都属于比较原则性地规定，与美国、我国台湾地区关于土壤污染防治基金制度的规定相比存在巨大差距，其可操作性不高，我国各地方省级政府在土壤污染防治基金制度的具体实施条例制定上依然处于草案或者是征求意见稿阶段。现有省级土壤污染防治的资金管理规定上，如山西省出台的《山西省省级财政专项资金管理办法》中规定建立的是专项资金，采用专款专用的方式对应具体的项目，其属于前章所述的"专项资金"而不是土壤污染防治基金制度的范畴。

因此，从我国土壤污染防治基金制度的顶层设计上看，《土壤污染防治法》仅是第71条提出省级政府建立"基金"制度，《土壤污染防治基金管理办法》中规定省级财政部门、生态环境部门对基金设立进行审批、对基金管理模式、治理与管理机构、基金运作的模式进行确定，但是具体如何明确，基金的性质为何、具体如何市场化运作，如对于土壤污染

防治基金是否能够借助投资股票、国债等进行保值增值等等都并未明确。

（2）基金监督管理机构设置方面存在的问题

基金监管是指具有法定监管权的政府机构为了实现监管目标，行使其法定职权，采用必要的监管手段和措施，依法对基金使用、审批、退出等管理活动进行监督的行为。基金的监管主体是指具有法定监管权的政府机构。由于我国土壤污染防治基金制度刚刚开始运行，还没有完善的监管执法队伍，主要依靠财政部和生态环境部的共同管理，鉴于土壤污染防治基金的数额巨大，资金使用标准专业性较强，且每块土地的污染情况各不相同，成立专业的基金使用监管执法队伍成为当下基金管理工作的重中之重，只有良好的监督管理体系才能保障监督机构更好地履行监管职责，保证基金发挥最大的功效。

基金的监管必须严格依据相关的法律法规，关于土壤污染防治基金的规定主要依据《土壤污染防治法》的相关规定。但是由于《土壤污染防治法》的规定过于原则和笼统，对于基金的监管没有做出相应的规定。财政部联合生态环境部等多部委出台的《土壤污染防治专项资金管理办法》只对资金的监管提出了要求，但是缺乏相应的可操作性。

（3）基金申请主体未明确的问题

土壤污染防治基金使用的污染地块，根据用途不同可以分为两种类型，一种是农业用地，一种是建筑工业用地。这两种类型的土壤污染具有不同的特点，在使用土壤污染防治基金进行治理时，不仅要确定土壤污染的责任人，为日后进行追偿做好基础；还要确定基金使用的申请人资格，即什么级别、类型的主体或机构有资格申请使用土壤污染防治基金对受到污染的地块进行治理。对于农业用地来说，是土地承包责任人，还是村集体，抑或是县级行政单位可以申请基金也需要明确，只有先确定基金申请的主体资格，才能让基金通过审批程序投入到土壤污染治理当中。而对于建筑工业用地的污染，在申请土壤污染防治基金时，需要对其申请的主体资格进行确认，对于没有破产，依然存在的企业，是由企业主动提出申请，还是由主管部门依职权提起申请，对于已经破产的企业造成的土壤污染，申请使用基金的主体有哪些，这些内容都需要进行细致的规定。

（4）基金使用情况的监督机制不完善

土壤污染基金数额较大、运转周期长，对资金的审查和监管需要长时间的跟进，而且土壤污染治理的专业性很强，对于资金需求量的认定也需要严格的计算标准，专业知识的壁垒需要监管机构和人员同时具备土壤污染治理知识和金融监管知识，对于监管人员的要求很高。土壤污染治理的这些特点，不仅要求有专门的监督机构，还要有专业的监督人才，只有真正具有土壤污染治理专业知识的相关人员，才能真正起到监督的作用。另外，土壤污染防治基金的投入是持续性的，对于不同阶段的土壤防治基金的使用情况进行及时有效的跟踪，才能对土壤污染治理过程和方案进行不断调整。目前我国土壤污染防治基金使用监督机制尚未建立健全。

（5）土壤治理效果的监督问题

土壤污染的治理具有复杂性，一般难以在短时间内有效果，运用土壤污染防治基金对土壤污染予以治理时，必须要考虑到基金使用的效果问题。土壤污染防治基金设立的目的是恢复土壤的基本功能，消除土壤的污染状况。基金投入之后，土壤治理效果如何，污染情况是否消除，是否达到了治理的目的，是否应当继续投入资金，这都需要专业机构进行监督和评估。从《土壤污染防治法》《土壤污染防治基金管理办法》关于土壤污染治理的效果监督规定上看，由哪个机构或者部门对土壤污染防治基金使用进行监管，对土壤治理效果的判断标准为何，依然存在立法的空白。此外，对于突发性的土壤污染事件或者是污染较严重的场地，或者是一般的土壤污染防治，其治理效果及其标准应当存在差异性，土壤污染防治基金的效果评价是针对污染场地，是否需要借鉴美国超级基金法对污染场地进行土壤地分类治理等，都是值得探讨的问题。

2. 我国土壤污染防治基金制度存在问题的原因分析

（1）我国土壤污染防治基金制度建设起步较晚

由于受到历史和国情原因影响，我国过去几十年中心任务是进行经济建设，这在某种程度上是以牺牲环境为代价的。正因为如此，我国长期缺乏对土壤污染防治问题的重视，进而忽略对土壤污染防治基金制度的建设和完善。直到 2019 年出台的《土壤污染防治法》才首次系统性提出对土壤污染防治基金制度建设问题，而美、日等发达国家早在上个世纪六七十年代就开始土壤污染防治基金制度建设，相比较而言，我国土壤污染防治基金制度建设起步时间较晚，制度建设经验缺乏，很多法律和法规建设并不健全，进而使得对土壤污染防治基金制度建设存在诸多漏洞。

（2）土壤污染防治基金制度相关规定较为原则

当法律法规足够细化，对基金制度运行各个方面、环节和细则都作出明确规定时，基金制度运行就能够做到有法可依，严格按照相关法律法规规定运行，避免风险和问题的出现。但在我国土壤污染防治基金制度建设和运行实践中，相关法律规定过于笼统、不够细化和具体，使得土壤污染防治基金制度运行中可操作性规定不足、相关部门开展工作过程中权责不清晰、与基金运行和管理相关的权利和义务主体范围难以界定，进而导致土壤污染防治基金制度运行中出现监管机构设置不到位、主体适用未明确和监督机制不完善等问题。

（3）对土壤污染防治基金制度的重视程度较低

我国土壤污染防治基金制度建设时间晚，对土壤污染防治基金制度宣传仅仅停留在专业人士和相关机构部门中，整个社会缺乏对土壤污染防治基金的科学认识和主动监督意识。无论是土壤防治基金制度顶层设计，还是对其相关机构职责明确以及监督机制的建立，都离不开群策群力，都需要充分听取和参考社会意见，这样才能构建好一个规范、有效的土壤污染防治基金制度。但由于对土壤污染防治基金制度宣传力度不够，不仅普通民众对该项制度缺乏认识和了解，一些专业人士和相关部门也对其缺乏认识和了解，无法为其建设完善提出有效意见。

（4）土壤污染防治基金制度监管职责规定不明

尽管在《土壤污染防治法》以及其他一些相关规定中对土壤污染防治基金制度作出了一些规定，但《土壤污染防治法》规定由具有法定监管职能的政府机构对资金进行监管，但是并没有规定到底是由自然资源部门还是财政部门进行监管。正是由于没有对该项规定的具体方案，最终才导致基金监管机构设置问题出现。同时，其他一些规定欠缺，也在不同程度上导致监督机制不完善和治理效果监督等问题的出现。

二、未明确责任主体

现阶段，随着我国工业生产规模的加剧，导致土壤污染问题越发严峻，对民众的生活以及工作均造成了不同程度的影响。所以，为了保证我国社会与生态环境可以得到有序地发展，则必须要对污染场地土壤修复工作予以密切地关注。此外，根据最新修订的《环境保护法》的要求，污染企业将要承担所有污染治理的相关费用，对于污染场地土壤修复工作来讲，土壤修复的资金便可以得到有效地解决。然而，从实际工作中来看，上述治理要求并未得到有效地贯彻与落实，具体原因主要在于难于对污染场地土壤修复的责任主体予以清楚地明确，并且相关污染场地中存在数量众多的企业，导致无法对企业的责任予以准确界定，所以便会引发互相推诿情况的出现，致使污染场地土壤修复的效果大打折扣。

1. 现行立法并未排斥状态责任的适用

虽然状态责任这一概念在我国立法及司法实践中并未明确提及，《侵权责任法》等立法中也均是以"行为人"作为责任人，但"状态责任"一词的内涵在我国立法中早已有所呈现，例如《侵权责任法》动物侵权中动物所有人需要承担的无过错责任。法律条文对土地使用权人、承租人、实际使用人等主体责任的界定，与状态责任的内涵具有一致性。在我国台湾地区的学术著作中，学者们把动物所有人的侵权责任、建筑物所有权人的清理义务、船舶所有权人清理海洋污染的义务等均视为状态责任在立法上的体现。按照这一逻辑，立法层面的状态责任早有雏形。在民事侵权领域表现为物权所有人、使用人的无过错责任；在行政法上则以物权所有人、使用人等在面对公共利益时权利和义务的社会化趋向为表现形式。

虽然我国立法并未排斥状态责任，但这一概念不论是在行政法还是环境法领域都少有提及，主要是我国立法和司法都以"行为"归责，早期侵权责任法还被称为行为责任法，可见我国法律上的归责对"行为"要素的看重。随着社会风险的扩大和越来越多种责任的出现，由物的状态引发的风险亦在扩大，在此背景下借助状态责任，能够完善责任归责体系。例如在我国拆除非法建筑的行政执法活动中，如果非法建筑已经买卖给新的所有权人，对于善意买受人而言，行政机关是否可以对其作出拆除非法建筑的决定书？在实践中，行政部门可向非法建筑的买受人发出责令改正违法行为通知书，实际上就已经将《行政处罚法》第3条所规定的"违反行政管理秩序的行为"解释为：违法的建设行为和所有、管理的建筑物具有违反法律法规等行政管理秩序所持续的非法状态。

2. 现行立法对状态责任的规定不统一、不具体

状态责任的正当性如何？状态责任人具体包含哪些主体？状态责任人承担的责任类型如何？仅仅是当污染行为人无法确定或灭失时才担责？状态责任人的责任范围是什么？以及状态责任的立法和执法依据是什么？这些问题在我国目前的立法体系下并未给出统一的解答，立法仅对最为基础的问题给出了回答，但究其内容来看，并不一致。在学理研究上可以借助状态责任的概念对现行立法进行解释，可进一步完善我国行政法体系，使立法与行政实践具有统一性。

不具体性体现在：状态责任理论基础、责任范围并不明确，在实行中面临问题。当立法并不排斥对状态责任及其责任人进行规定时，表面上已经在扩宽了责任范围，但笼统的规定导致在实践中难以适用。例如：《污染地块土壤环境管理办法（试行）》第9条规定土地使用权人应当负责开展疑似污染地块和污染地块相关活动，但具体如何开展、如何确立并未涉及。较之于部门规章，地方性法规则更为具体细化：《福建省土壤污染防治办法》规定污染地块土地所有人、使用权人和实际使用人承担的是不真正连带责任，状态责任人在完成修复后可以向污染行为人追偿。整个修复过程，涉及的程序繁多，包括调查、修复目标确定、修复方案设计、修复方案施工、修复目标和方案的变更、修复工程的监理、修复工程的验收等环节。这个漫长的过程可能持续数十年，需要投入巨大的财力物力，在修复过程中还可能出现方案的变动，为了达到预期的修复目标，需要对修复责任人在修复过程中的责任做明确细致的规定。

第三节　社会风险

人文社会环境因素对土地市场的影响，给从事土地生产和经营的投资带来风险。有土地利用规划、城市规划风险、区域发展风险、公众干预风险等。如不符合土地利用规划和区域发展的投资项目不会得到市场认可；负面的公众舆论带来的潜在风险。

一、污染者负责的公平原则实施问题

尽管2018年通过的《土壤污染防治法》和2016年制定的《土壤污染防治行动计划》都明确了污染地块责任认定上"谁污染，谁治理"的基本原则，但是在污染地块实际开发过程中，这一原则却很难得到贯彻和执行。根据对27个省会城市公布的污染地块名录整

理和统计发现（如图 8-4 所示），仅有 33% 的污染地块是由原场地使用者（潜在污染方）承担修复责任，而 50% 以上的污染地块则是由政府或国资委下属的国有企业来承担修复的责任，15% 的污染地块则是由房地产开发商承担修复责任。尽管开发商或政府承担污染地块修复责任的模式，在一定程度上有效地推动土地的再利用，节约了土地资源，但是这种由政府来承担污染地块修复责任的方式，从本质上是用公共财政的收入或购房者的钱来为污染者买单，并不能体现污染者负责的公平原则。另一方面，由开发者或者政府来为污染地块的修复买单，不利于对潜在污染者的污染行为产生威慑，让其有恃无恐。造成目前这种"污染者不承担修复责任"的局面主要有以下两方面原因：

（1）缺乏一套土壤治理责任认定的标准和程序

由于土地使用的历史复杂，要认定潜在污染者对土壤的污染程度以及相应需承担的责任并不容易，而由于中国在污染地块治理责任认定的标准和程序上还处于探索阶段，尚缺乏具体的法律法规来说明土壤污染责任认定的程序和办法，最终导致在实际开发过程中，很多污染地块的修复都由政府买单。例如，在常州毒地的诉讼案中，原告方与被告方主要争议点之一在于污染责任方的认定上，是否政府的收储行为消除了原土壤污染者的修复责任。然而由于目前中国缺乏具体的法律法规来说明如何认定土壤污染责任方，这就使得诉讼一度陷入困局。

（2）原场地使用者由于破产或经营不善，无力承担修复费用，不得已只有由政府或者房地产开发商来承担。因此，在污染地块开发过程中有必要分清这两类情况，采取相应的措施，而不应该都由纳税人或消费者为污染者买单。

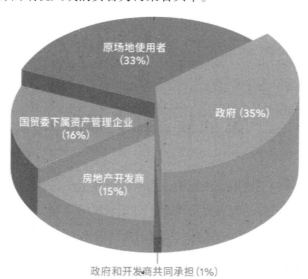

图 8-4　主要省会城市污染地块修复责任主体

二、污染地块治理修复信息不透明，缺乏公众参与

目前污染地块的开发利用还存在信息不透明、缺乏公众参与的问题。随着《土壤污染

防治法》和《污染地块土壤环境管理办法》的颁布实施，污染地块土壤环境的信息公布正
式迈出了重要的一步，中国 27 个省会城市率先向社会公众公布了第一批污染地块的相关
土壤环境信息、治理进度、地块位置等信息。这是中国环境保护史上第一次系统性地向社
会公众公布污染地块的相关土壤环境信息。尽管在污染地块的信息公开上取得了重要的进
步，但就目前所公布的情况来看，污染地块信息公开的程度和完整性还有待加强。

　　根据对目前各省会城市所公布的 174 块污染地块的治理信息整理发现，仅有 44% 的污
染地块公布了相关的土壤环境评估、治理修复或验收的信息，而 56% 的污染地块未公布以
上信息。而从城市角度来看，目前仅有北京、福州、哈尔滨、济南、昆明和南宁市公布了
辖区内污染地块的土壤环境评估、修复或者验收报告。而西安、太原、上海、南昌和成都
市均未公布污染地块的土壤环境评估、土壤修复和修复验收等相关信息，如图 8-5 所示。

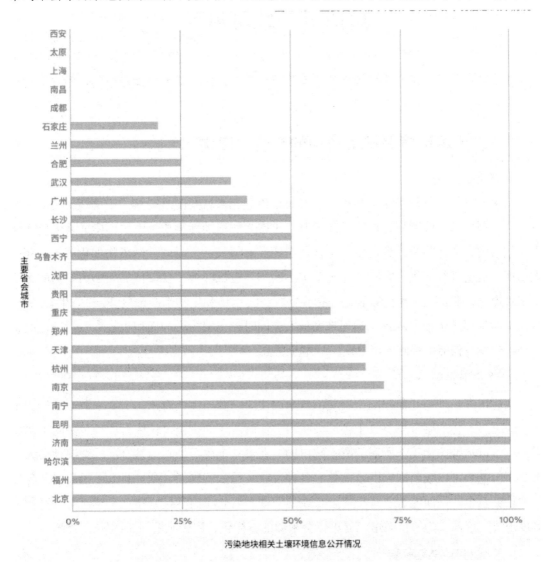

图 8-5　主要省会城市污染地块土壤环境信息公开情况

从公布信息的完整性上来看，污染地块的信息透明度仍有待提高。根据整理发现，在已公布相关土壤环境评估、治理修复或验收信息的地块中，仅有58%的污染地块发布了完整的土壤环境评估、治理修复或验收报告，而高达42%的污染地块未发布完整的土壤环境信息。其中，福州、哈尔滨、合肥、兰州、石家庄、乌鲁木齐、武汉和西宁等城市均未公布完整的土壤环境评估、修复或验收报告等环境信息。

目前，中国污染地块监管制度尚缺乏公众参与的内容。《土壤污染防治法》、《污染地块土壤环境管理办法》和《土壤污染防治行动计划》中均未涉及污染地块治理过程中公众参与的内容，但是鼓励公众参与是美国、英国等国家污染地块监管制度的重要内容。

第四节 经济风险

土地商品市场供求变化偏离投资方案设计阶段对该市场的预测而导致的风险；土地价格的浮动造成土地市场投资经营活动无法按计划正常运营，不确定性增强等。

一、土壤环境保护工作中的资金保障需求

1. 资金投入少

与水污染、大气污染防治相比，土壤污染治理起来就要困难得多。土壤污染防治资金投入大、周期长、收益低、缺乏长效机制。土壤为非流动性物质，土壤污染通常无色无味不易被察觉，从污染投放到产生危害往往需要经过很长一段时间。污染物如化肥、农药、重金属、放射性物质等有害物质在土壤中不断积累极难降解，仅仅依靠切断污染源的方法则很难恢复。甚至可能永远在环境里循环，对大气、水体和生物都产生危害，影响生态平衡，对人类的生存产生极大威胁，治理难度极大。同时，土壤污染的面积也较大、污染情况也往往需要专业仪器的检测才能确定，成本也很高。

2. 资金来源单一

政府出资治理是当前我国土壤防治资金的主要来源。由此看来，资金来源渠道较为单一，缺乏多元化的融资渠道。土壤污染防治工作所需要的资金仅仅依靠这种单一的来源渠道，是难以填补防治工作所需的资金缺口的。在设立土壤污染防治基金后，情况就会大为改观了。基金可以吸收国家财政拨款、各种税收、罚款、赔偿、利息收入、捐款以及各种其他社会资金，从而能有效解决资金短缺的问题。因此我们不仅要建立土壤污染修复基金制度还要完善基金的筹集渠道，促进资金来源的多样化，用于土壤污染的防治工作。

3. 资金使用效率不高

由于我国基金的专门性管理规范尚未构建，此前只能参照《预算法》、《审计法》等

法律规范。土壤领域也是如此，基金的使用也只能参照适用前述规范的原则性规定。土壤污染往往具有突发性，在产生了危害后果后应当及时处理，以减小损害后果遏制风险扩大。但是，依照一般的资金审批程序，往往历时较长且较为繁琐。虽然这是出于财政资金严格用途专款专用的审慎考虑，但土壤修复资金具有特殊性。一旦错过最佳的修复时机，往往会造成严峻的危害后果。因此，要使土壤环境资源保持健康良性发展，防治被污染的土壤资源，不仅需要充足的资金，还需要一个健全的资金运作管理机制。基金模式以其来源渠道的广泛性，审批效率的高效性脱颖而出。具体来说，通过基金的有效运作，可以鼓励和刺激社会资金向土壤污染防治基金投入，增加资金来源渠道。同时，还可以通过基金的市场化运作方式，促进基金不断增值，增强土壤污染修复的资金保障。

二、土壤污染防治基金结构问题

目前，根据《土壤污染防治法》的相关规定，土壤污染防治基金主要用于农用地土壤污染防治和土壤污染责任人或者土地使用权人无法认定的土壤污染风险管控和修复。同时，该基金也只设立在省级一层，中央仍旧设立传统的专项资金制度。目前的规定不论是在纵向的中央与地方的资金投入、管理职责分配上，还是在横向的省级基金投入范围上都存在争议。

1. 国家级专项资金与省级基金的分配不平衡

根据我国《土壤污染防治法》第七十一条的规定，当前法定的土壤污染防治基金只设立在省级一层，以省为单位，进行基金的设立及相关工作。中央设立专项防治资金，分配到各省，纳入各省土壤污染防治基金，这也是基金的主要来源。但是这样的资金权利配置是否合理、公平，尚存疑惑，笔者认为，这样的基金体系是有缺陷的，加大了地方的财政和行政工作压力，使中央和地方的权责失衡，存在不公平的现象。

（1）由于各省的土壤状况，污染情况差异较大，中央在专项资金的拨款中是否有倾斜，在法律中尚不得而知，在中央出台的相关文件或资金管理办法中应当加以规定。当前，土壤污染状况从分布情况看，南方土壤污染重于北方；长江三角洲、珠江三角洲、东北老工业基地等部分区域土壤污染问题>较为突出，西南、中南地区土壤重金属超标范围较大。因此，部分土壤污染更加严重的省份地区所需要治理的区块更多，需要投入的资金也更多，基金所需要承担的治理压力也更大，需要增加更多的资金来源。中央设专项资金，将基金置于省级。基金虽然有更多的资金来源渠道，但是主要的来源还是政府财政投入。因为设置了谷级基金，所以省级财政必须划出相应的一部分财政预算作为基金的运作资金，同时基金的建设、制度建立、监督也需要花费非常多的人力财力。

（2）基金还有一项重要的收入来源在于税收，国家对产生污染的企业收取环境保护税。虽然，国务院已经出台相关规定，明确环境保护税收入全部归于地方财政，但是我国目前出台的《中华人民共和国环境保护税法》（以下简称《环境保护税法》）还没有将土壤污染纳入税务征收的范畴，只就其中规定的固体废物污染与土壤污染存在交叉，被视作土壤污染的一小部分。这明显无法涵盖所有土壤污染范畴及其所造成的并发环境污染。因此能够通过收取环境税获得的土壤污染防治专项资金收入也是非常有限，主要来源还是依靠国家和地方的财政投入。

综上可见，土壤污染防治基金在中央与各省的配置存在问题。

（1）各省的土壤污染状况不同、严重程度不同，因此各省土壤污染防治基金的资金压力也不同，需要筹备的资金也各有差异。而中央专门资金给予的拨款也需要有所侧重。

（2）中央将建立基金的重任放在省级一处，增加了各省的行政压力与资金压力，各省环境保护税中土壤污染收入税收入也十分有限，这显然存在不公。

2. 建设用地土壤污染防治基金的缺失

目前，可以明显看出，我国目前的土壤污染防治基金的涵盖范围仍较为局限，仅限于农用地和无法认定责任人的污染土地。可以想到，立法者对基金的使用范围有过考量。首先，农业为天下之本，关乎全体国民的生存之本。农用地关乎国家粮食安全、农业安全，地位至关重要。而农业造成的农用地污染也是极其严重的，农药的使用、不良的灌溉活动、过度放牧、过度砍伐等造成我国耕地、林地、草地土壤污染严重。根据国家统计局数据显示，我国农药使用量年均增速超过 7%，单位面积施用量远高于美国的 1.5g／公顷，欧盟的 1.9kg／公顷。对农用地加以规定是必然的选择。

而土地类型中还有一个重要部分—建设用地没有纳入基金范围中，其原因可能是涉及附着在上面的建筑物、经营场所有权、经营权、商业利益等，因此设立土壤污染防治基金更加困难，考虑到的方面更加多，因此在法律方面不予以规定。

但是在土壤污染防治基金体系中忽略建设用地还是不可取的。建设用地商业价值高，因此有更多的公民或是企业利用建设用地进行活动。居住活动中生活垃圾、人类活动、水污染等都会造成土壤污染。而更为严重的是工业污染造成的土壤污染。根据土壤污染公报显示，重污染企业用地、工业废弃地、工业园区、固体废物集中处理处置场地、采油区、采矿区、干线公路两侧这些典型地块周边土壤污染问题远远高于农用地污染。将建设用地纳入管理范围内，同时与中央、省级的基金进行良好的衔接，公平的分配，使土壤污染防治基金体系系统化，是建立完善的土壤污染防治基金制度的必要条件。

第九章 土壤污染治理与开发的环境经济调控对策

第一节 明确土壤污染经济责任主体

一、污染地块修复状态责任构成要件

污染地块修复状态责任构成要件，是指土地的状态责任人应承担状态责任所必需的构成要件。这一构成要件是由状态责任人的性质决定的，在客观上反映了何种情况下状态责任人需要承担污染地块修复责任。

1. 状态责任人

（1）污染地块修复状态责任人的种类及担责顺序

1）污染地块修复状态责任人的种类

德国联邦土壤保护法确立的污染地块修复状态责任人包括土地的所有人或占有者、前所有人以及放弃财产所有权的相关主体。美国超级基金法的污染场地修复的状态责任人有设施的当前或危险物质处置时的所有人或经营人等。我国台湾地区的污染土地关系人包括不属于污染行为人的土地使用人、管理人或所有人。可以认为，宜将我国污染地块修复的状态责任人范围明确为土地使用权人、土地使用人、管理人以及其他对土地具有管领力的主体。

对这四类主体分别论述。

①土地使用权人。私主体在我国对土地不享有所有权，最具排他效力的物权即为土地使用权。课予土地使用权人责任存在的问题为：如果土地使用权人将土地出租给他人或由于第三人原因导致土壤污染，那么作为污染受害者的土地使用权人同时还要承担修复责任，是否过于苛责？

②土地使用人，土地使用人区别于土地使用权人。土地使用人并非指违法使用人，也不单指在物理上对土地予以利用的人，判断标准为是否对土地享有事实或法律上的管领力。

中国台湾学者陈正根认为"是否具有法律上的使用权限或是基于何种法律关系而取得使用人的地位，在此并未太大影响"。例如，虽然未经土地使用权人许可，存在利用土地的行为且无法律上的使用权的使用人亦可成为此处的土地使用人。

③管理人。指依据法律规定或合同约定，对土地具有管理职责的人。对其归责的直接原因也是对土地具有管领力，是因其实际参与了土地的管理或经营。例如，土地使用权人委托他人管理土地，此时的被委托人享有土地管理权，成为管理人。

④其他对土地具有管领力的主体。理论上，包括具有事实管领力和法律上的管领力，所谓"对物具有事实上之管领力"者，包括民法上有权之直接占有人、间接占有人、占有辅助人、使用人、承租人、管理人，乃至于无权占有人，例如物之窃盗人或窃占人；39 所谓"对物具有法律上的管领力"者，除了土地使用权人，还包括土地使用权抵押权人、债权人等。

2）状态责任人担责的顺序

选择当存在多个状态责任人时，状态责任人之间的责任承担顺序应如何确定？

首先，以侵权责任法建筑物上的搁置物、悬挂物坠落致人损害的推定责任为例，如果此建筑物同时存在不同的所有权人和使用人，该由谁来承担侵权责任？依据《侵权责任法》第85条40的规定，建筑物所有人、管理人和使用人都有可能成为责任人，不能证明自己没有过错的诸方将共同承担连带责任。实际上，建筑物搁置物坠落这类致人损害的侵权案件在实践中，以上主体不存在过错的举证很难实现。在民事案件中，是否可以区分建筑物搁置物坠落的成因进一步明晰责任主体呢？例如，如果是承租人在建筑物上放置额搁置物坠落导致他人损害，可由建筑物的实际使用人或承租人赔偿；但如若损害由建筑物自身质量缺陷所致，则由建筑物所有人而非实际使用人或承租人担责。

（2）污染地块状态责任人与行为

责任人的责任承担顺序当行为责任人和状态责任人同时存在时，行政机关应优先选择哪一个，是隐藏在状态责任内部的重要问题之一，而"污染者担责"的原则往往会把这个问题的答案毫不犹豫地引向行为责任人。根据德国法的观点，警察法上之目的考量，通常为"有效及快速之危险防止"（wirksame und schnelle Gefahrenabwehr），机关为裁量时，原则上应优先选择可有效快速排除危险之责任人，但应符合最小侵害原则及正当负担分配原则（Grundasatz der gerechten Lastenverteilung））。按照行政法上的效率原则和比例原则，行政机关选定的污染地块修复责任人应当是能够在最短时间内达到修复目的的主体。排除由于天灾导致的污染，任一污染地块都有污染行为人。有时污染行为人与状态责任人同为一人，此状况当然优先转化为污染行为人的责任；当污染行为人与污染责任人不同时，二者的修复责任如何确立？

关于污染行为人和状态责任人应负担的费用数额，《土壤及地下水污染整治法》规定，对于未尽善良管理人注意义务的污染土地关系人，需要承担一定的整治费用，并与污染行为人、潜在污染责任人负连带清偿责任，承担连带责任后可向污染行为人及潜在污染责任人追偿。根据《污染土地关系人之善良管理人注意义务认定准则》第2条的规定，污染土地关系人只要"无重大过失或轻过失"，均认为其已经尽到管理人的注意义务。

2. 主观要件状态

责任与行政处罚存在差异，但状态责任的有效落实以行政行为为基础，对状态责任主观过错与否的考量可以借鉴行政处罚的规定。我国《行政处罚法》并未明确行政处罚是否应以行政相对人具有主观过错为要件，关于行政责任是否应考量主观过错的问题，主要有三种观点：①以主观过错归责。如果行为人没有主观过错，只是客观上有违法行为，就不应当为其设定或者适用行政处罚。②以客观行为归责。行为人的主观意图已经被行为的违法性包含，所以行政处罚适用应不考虑其主观状态。③以主观归责为原则，客观归责为例外。即一般情况下，行政处罚以主观过错为要件，但在某些情况下，行为人无过错也需要承担行政处罚，无过错的行政责任担责主要限于工业灾害、工业事故、环境污染、产品责任。

综合以上观点及对我国行政处罚主观要素的借鉴，从状态责任的制度功能出发，其目的是为了在最短的时间内确定责任人并排除妨害而不是予以行政处罚，是否存在过失不应成为状态责任成立与否的要件之一。因此，状态责任的成立不需要考量主观因素。既然不论主观过错与否，那么状态责任可能会导致过于严苛的结果，甚至认为状态责任的概念等同于应当给予状态责任人行政处罚。这就需要在最终责任承担环节对状态责任的过错与否进行区分，并明确其责任界限。

（1）存在过错承担最终责任

环境侵权行为无需考虑过失因素，但对于状态责任人而言，是否承担最终责任需要以是否存在过错为界。如若状态责任人无法证明自己不存在过错，则应当承担污染地块修复的最终责任，这就是过错推定责任。状态责任人存在过错是指状态责任人未尽到善良管理注意义务，虽未直接导致污染的发生，但因其过错导致污染行为发生在对其具有管领力的土地上。从财产权应尽到的注意义务上讲，属于未尽到全部义务而需承担责任。从行为责任的角度看，状态责任人未尽到注意义务担责实际上是一种不作为担责，似乎状态责任人因此而承担的修复责任可归结为行为责任。状态责任与不作为的行为责任存在部分重叠，这是因为立法者在制定法律的过程中已经预见了某些对物具有管领力的人可能因其过错导致危险发生，为了避免危险发生而未雨绸缪，将状态责任通过立法转化为作为义务。而当那些由物的状态所引发的危险尚不能归结为作为或不作为责任时，状态责任就能够发挥其制度价值。

状态责任人如若需要对其过错承担责任，责任的大小应当与其过错程度对等，并符合行政法上比例原则。状态责任人在承担了污染地块修复责任及相关费用后，不存在过错的，可向其他责任人追偿相应份额。状态责任人存在过错的举证责任应由其他责任人举证，与行政机关课予其修复的行政命令无关。

（2）无过错承担中间责任状态

责任的目的是在有限的时间内排除妨害、清除污染地块上的污染物质，以免土壤污染给周边环境造成损害。如果状态责任人对污染的发生没有过错，基于行政法上的效率承担清除责任后，是否就意味着要承担最终的无过错责任？状态责任人是基于物的状态承担修复责任，其本身不具有违法性，如若让其承担的责任过重，有侵犯状态责任人财产权的可能。

环境侵权责任是无过错责任，但环境侵权的一个重要要件或者说前提，是行为人存在侵权行为。状态责任人是基于物的原因承担修复责任，不存在所谓的"行为"因素。状态责任是否适用此规定还有待商榷。美国超级基金法起先对"潜在责任人"实行严苛的无过错责任，因而阻碍了污染地块地再开发。状态责任人应根据行政机关的裁量负担具体责任，存在过错的就其过错程度与污染行为人承担不真正连带责任；不存在过错的可就其承担的全部责任向污染行为人求偿；污染行为人灭失或者无力承担的情况下，宜由土壤环境基金予以补偿。

3. 客观要件污染地块修复状态

责任的客观要件是指在客观方面存在状态责任以及相应的危害后果。台湾学者李建良认为，状态责任的成立，并非以"造成危害的发生"为基础，因此无需因果关系的判断。

（1）污染地块的状态是否造成危险

发生从词义上看，物的状态造成危险的发生存在两种可能：①物本身就具有危险属性，例如状态责任人购买土地后发现前土地使用权人弃置的危险废弃物对土壤造成严重污染；②由于不可归责于状态责任人的原因使物具有危险属性，例如临近工厂化学产品泄露导致状态责任人的土地遭受污染。这两种情况均是由于土地所持续的危险状态已经对或将对周围的环境造成危害，行政机关需要及时发布行政命令，清理修复土壤污染。如此一来，如果是天灾或第三人的污染行为亦使得污染地块状态责任成立，因为此时已经不需要考量危险的发生原因，这一问题对于状态责任的成立意义不大，主要是与状态责任的免责有关。那是否存在因物的潜在危险而成立状态责任的情形？还是一贯应以物实际存在的危险状态作为衡量标准？在环境行政领域，以违反相关法律法规作为行政处罚的前提，最直接的考量因素就是是否导致危害后果。本文认为状态责任所导致的危险应当包括物的潜在危险性。物的潜在危险性是植物的状态不存在危险，但可能因为外部环境的改变，导致物产生危害。例如，某土地一直堆放着硫酸产品，附近的工厂突发大火燃至该土地上，导致硫酸泄漏并污染了土地。与前文的观点一致，对于潜在危险也无需考量是何种原因导致物的危险发生。但与已经发生的危险不同，潜在危险可以通过课了状态责任人管控义务而避免危险的发生。

（2）因果关系—直接肇因说

直接肇因说，是指导致危害直接发生的行为人必须为此危害负责，成为行政机关行政行为的相对人。行为责任因果关系成立与否取决于该行为是否跨越危害的门槛，而状态责任的因果关系存在与否取决于物的状态是否跨越了危害的门槛并引发危害。这一层面的因果关系仅仅关注危害和物的状态之间是否存在必然联系，而不管"什么原因让物之状态造成危害发生"，所以即便是因为天灾或是因为第三人的行为而让物的状态造成危害发生，对该物有支配力之人（无论是否具有过失）对此仍然必须负起状态责任。

状态责任的过失与否在上文已有讨论，与台湾学者的观点一致，本文认为状态责任的承担不言过失，但在最终的责任认定时，过失则是区分中间责任和最终责任的标准。

状态责任的成立以物的状态引起危险的发生为前提，既然行为责任的因果关系可以借助直接肇因说来判断，状态责任也可以，即只要物的状态逾越了危险的界限，则基于物的状态责任便成立。但也有学者认为，状态责任的成立并不以"引起危险的发生"为前提，因此不涉及因果关系判断。

根据直接肇因说，状态责任的成立与否将直接取决于"物的状态"，至于是何原因导致物的状态造成危险不为考虑。那么，天灾、第三人原因等导致物进入危险状态，状态责任人如若要对此承担责任，会不会过于严苛？在本文看来，状态责任成立与否和状态责任的范围可分而论之。

二、土壤环境保护法律制度的制定和完善

金融是现代市场经济的核心，环境与可持续发展为全球共同关注；运用金融机制助解环境危机是环境金融法研究的重点和价值所在。土壤与粮食安全、生物多样性、生态环境以及人类的生存发展密切相关，且难以再生。联合国将 2015 年定为"国际土壤年"，期望土壤保护得到全世界更多的关注。2015 年 5 月，习近平总书记强调，要像保护大熊猫一样保护耕地。基于此，以土壤立法中的金融机制为例，分析金融机制运用于土壤环境保护立法之环节、意义和内容，进而为环境金融法（绿色金融法）的内容体系之构建提供参考，并对土壤环境保护法律制度的制定和完善有所裨益。

1. 环境金融与土壤环境保护立法

（1）环境金融之缘起

1）环境和自然资源的政策工具有多种分类。

①两分法：分为命令—控制式工具（Command-and-Con-trol）和市场化工具（Market-based Instruments）两大类；前者如法律法规、标准等，后者如税收、金融、交易、补贴等。也有学者将解决环境问题的手段表述为"传统手段：行政管制办法"和"经济手段：市场方法"两种。

②三分法：分为经济激励（"胡萝卜"）、法律工具（"大棒"）和信息工具（"说教"）三种。

③四分法：分为利用市场（using market）、创建市场（creating market）、环境规制（environmental regulations）和公众参与（engaging the public）四种。

④五分法：分为物质的、组织的、法律的、经济的、信息的。以上分类均有一定的科学

性，有利于从不同的角度对各种政策工具进行区分和评估。就"两分法"的政策工具而言，传统命令—控制式工具（或称"环境规制"、"行政规制"）是各国普遍使用的主流政策手段，但存在成本较高、经济效益较低、持续性不强等缺陷；而作为经济激励政策的市场化工具则具有成本较低、效率较高、灵活性较大、长效性等优势，日益成为国内外研究的热点。此外，在制定和执行政策工具时，经常是多种政策工具的结合。

2）环境金融

环境金融又称绿色金融、可持续金融，其作为环境经济的一部分，重点探讨如何融通发展环境经济所需资金，并可从发展环境经济中受益。也有学者指出，环境金融主要研究如何运用多样化的金融产品与投融资手段来保护环境，是循环经济背景下进行的金融创新。简言之，环境金融是运用金融工具来保护资源环境、推进绿色可持续发展，相应的法律制度和政策即为环境金融法律政策，为新兴的交叉性、综合性学科。广义的环境金融涵盖了银行类（绿色信贷）、证券类（绿色证券）、基金类（环境基金）、保险类（环境污染责任保险）、金融衍生品及其交易（例如排放权交易）等。环境金融之产生和发展既有全球的可持续发展、社会责任运动之背景，也是政府治理环境手段之更新，还有金融业自身规避环境责任风险、创造商机发展之需要。

（2）土壤环境保护立法之紧迫

由于我国长期以来粗放的工矿业和农业生产经营模式，以及相关的环境标准较低、法律制度不完善等多种因素，导致各种工矿业"三废"、农用化学品等污染物通过水、固废堆积、大气沉降等多种途径累积于土壤。据2014年环境保护部与国土资源部共同发布的《全国土壤污染状况调查公报》，全国土壤总的点位超标率达到16.1%，其中耕地的点位超标率达19.4%，重污染企业用地的超标点位高达36.3%，工业废弃地的超标点位占34.9%，矿区的超标点位占33.4%；无论是农业用地，还是工矿业废弃地，土壤污染形势严峻。与看得见的雾霾、污水相比较，看不见的"毒土"风险大、治理难。土壤为国家和人类的安身立命之所，尤其需要重视解决"吃"（农用地污染）和"住"（工业建设居住用地污染）的安全无毒问题，土壤立法理应赋予单独、顶级的法律地位。我国虽然在1995年制定了《土壤环境质量标准》，但其存在污染项目偏少、部分数值标准不合理、部分标准过分统一等缺陷。尤为重要的是，我国至今尚未制定土壤环境保护法或土壤污染防治法，仅仅在其他一些法律（例如固废污染防治法）中有部分相关的、零散的表述。为保障粮食安全和国民健康，保护生态环境，亟需制定土壤环境保护法，加强土壤环境保护。

2. 金融机制运用于土壤立法的环节与意义

（1）金融机制运用于土壤立法之环节

一般认为，土壤环境保护主要分为土壤污染预防和土壤污染治理修复两大部分内容；前者主要通过加强控制和减少污染源来实现，后者主要是规范治理修复的内容、责任主体、资金、技术、要求和相关程序。但笔者认为，此观点仅是以污染的前端控制和末端治理之视角。从土壤污染民事责任的视角来看，土壤污染侵权可能导致直接的人身或财产损害或危害（私益诉讼），也可能导致间接的生态环境损害或危害（公益诉讼）。民事责任包括赔偿损失、治理修复等多种形式。土壤污染侵权一旦构成，无论是由污染者承担，还是在污染者无法确定或无力承担等情形下由政府承担，赔偿金额多为巨大，治理修复所需资金尤甚。综上，笔者认为，金融机制运用于土壤环境保护立法主要包括三个环节：一是土壤污染预防控制之金融机制；二是土壤污染治理修复之金融机制；三是土壤污染民事赔偿之金融机制。

（2）金融机制运用于土壤立法之意义

1）引导激励绿色发展，预防减少土壤污染源具有多元性和综合性，有来自工矿业的废水、废渣、废气（通过大气沉降），也有来自农业的农用化学品、畜禽粪便，以及废弃物、有毒有害物质的填埋堆放等多种途径；污染物包括重金属污染、有机污染物等。为减少土壤污染物的产生，亟须建立引导资源投向绿色产业的激励机制。以绿色信贷为例，其通过对生态农业、生态工业、绿色消费、环保设施等有利于资源环境的项目融资支持，以及减少甚至禁止对不利于资源环境的项目融资支持，从而引导激励产业的绿色发展，从而减少污染。

2）融通治理修复资金，建立长效资金支持机制污染土壤的治理修复难度大、成本高、周期长、融资难，应完善政策制度、鼓励前述之绿色信贷和相关资本的流入；并借鉴美国超级基金的做法，设立土壤治理修复专项基金（绿色基金），专门用于污染场地的调查、评估、治理和修复，助解土壤治理修复资金短缺的困局、建立长效资金支持机制。

3）管理转移环境风险，保障污染民事责任地实现土壤环境污染事故一旦发生，可能会造成直接的财产损害和人身损害（环境侵权私益诉讼），以及对土壤、水体、动植物等生态系统的破坏（环境侵权公益诉讼），且赔偿责任的金额以及污染场地治理修复的资金普遍巨大，将可能导致企业难以承担污染治理修复的资金，以及受害者的民事权利难以实现。环境污染责任保险（又称"绿色保险"）作为一种通过社会化途径、市场化手段解决环境污染损害赔偿责任的金融工具，对企业、政府和污染受害者三方均具有重要的意义：

①对企业而言，有利于管理和转移环境风险、减少破产的可能，并通过保险机构的保费约束机制提高环境风险管理水平。

②对政府而言，有利于减轻治理修复土壤的资金负担（在企业无力承担时）、提升环境监管水平（通过发挥市场机制的监督作用）。

③对污染受害者而言，有利于保障其民事赔偿权益的实现。

3.构建土壤立法中的金融机制

（1）土壤污染预防之金融机制绿色资本市场将推进农业、工业、消费等领域的绿色化，减少农药、化肥、废水、废渣、废气等对不利于土壤的污染物的使用或排放，从而预防土壤污染。

1）构建绿色投资体系，健全绿色资本市场

资本市场的金融机构主体（银行、证券、资产管理公司等），通过绿色信贷（Green Credit）、绿色风险投资（Green Venture Capital）、绿色股票指数、绿色债券、生态投资基金等多种途径和方式，影响相关利益主体的生产、运输、流通和消费行为，促使其实施清洁生产、减少有毒有害物质等污染物的使用和排放，进而预防土壤污染。需要进一步构建绿色银行体系、完善绿色贷款制度、建立绿色股票指数、扩大发行绿色债券、完善环境信息披露和环境成本核算等。

2）重点完善绿色信贷法律政策

绿色信贷源于国际上的赤道原则（Equator Principles，简称 Eps）。早期的金融界一般认为，金融服务活动与工业不同，其不会对资源环境造成影响。但实际的情况是，如今的金融体系、银行和养老金等投资了大量的环境破坏性项目，仅有小部分投资于绿色项目；社会责任运动要求正确处理金融与可持续发展的关系，呼吁重视可持续金融项目、重塑国际金融体系，即鼓励投资绿色项目，并限制或禁止投资污染型和自然资源密集型项目。我国的绿色信贷政策可追溯至1995年、正式启动于2007年，目前在退出"两高一剩"（高污染、高能耗、产能过剩）领域和支持节能环保类贷款取得了一定的成效，但在正向激励机制（绿色贷款贴息等）、信息披露共享机制、法律责任机制等方面存在不足，导致绿色投资的积极性不高、效果不够明显，法律政策有待完善。

（2）土壤污染治理修复的金融机制

1）土壤污染治理修复需创新融资模式

土壤污染治理修复的费用高，需要建立专门的、持续的、长效的资金支持机制。按照"污染者付费"原则，土壤污染的治理修复主体应是污染责任人，但在污染责任人无力承担，或者无法找到、无法确认污染责任人时，则由政府承担替代性、可追偿、补充性的治理修复责任。无论是污染责任人自行承担，还是由政府承担，都亟须按照"政府主导、市场参与、责任分担"的原则，创新污染治理资金所需巨额资金的融资模式，鼓励绿色信贷和相关资本进入。

美国通过提供政府赠款、政府资助单位提供低息或无息贷款、棕地修复税收减免政策、棕地低收入住宅税收抵免政策等措施鼓励"棕地"的修复和开发。此外，美国鼓励运用环境责任保险来转移污染场地的治理修复巨额资金风险。加拿大的皇家银行和帝国商业银行建立了"环境风险管理集团"，为棕地场地等项目提供风险缓解和信贷审批支持；也有专业金融投资公司作为金融中介机构为棕地产业提供投资基金；联邦政府于2000年设立"绿色城市基金"，资助环境的调查评估、环境基础设施的开发、棕地的研究（提供赠款）和开发（提供低息贷款）；安大略省等省级政府也为棕地的研究开发提供相应的资金。

我国中央和地方政府近年力推推 PPP（PublicPrivate-Partnership），作为一种公私合营的项目融资模式，其特别适用于环境治理和环境服务领域，例如大气、水、土壤的污染治理。

目前 PPP 模式在污水治理领域的运用已经走在前列，因为有市场需求、有资金来源、有法律保障；PPP 模式在大气污染治理较难开展，因为大气流动性强、治理边界模糊、责权利不清；未来环保产业 PPP 模式的主战场将会在土壤污染治理，因为污染治理的边界、范围、职责、收益更为明确，尤其是工矿企业的点状土壤污染，但亟需通过类似于美国的超级基金机制来解决治理所需巨额资金的来源问题。

2）设立土壤污染治理修复

专项环境基金为解决"脏中最脏"的污染场地，美国通过《超级基金法》建立了用于污染场地修复的"超级基金"，体现了政府综合运用经济、行政和法律手段解决环境难题的积极行为，其经验做法在全世界影响巨大。

民间出资捐赠资金主要有以下四种方式：通过购买污染土壤运出管理联单出资；通过实施土壤环境修复工程出资；通过由认定调查机构实施调查出资；赞成基金事业宗旨的捐赠。另有捐赠的标准和基金的管理使用等相关规定。我国有企业遗留的历史性污染场地普遍严重，应加快设立专项的环境基金用于调查、评估和治理修复污染场地，细化规定基金的来源、管理、适用范围和使用条件等。

（3）土壤污染民事赔偿之金融机制

土壤环境污染事故导致治理修复资金和赔偿数额巨大，将可能会导致企业倒闭、无力治理修复土壤，以及受害者赔偿权利无法实现，且增加社会的不稳定因素。从广义上看，土壤污染民事赔偿责任包括对受害者人身、财产损失的赔偿（私益诉讼）以及对土壤治理修复的费用（公益诉讼）。环境污染责任保险（"绿色保险"）是以企业发生污染事故时，对第三者造成的损害依法应当承担的赔偿责任或治理责任为标的的保险。作为一种新型的经济政策，该制度能有效地分散环境污染事故带来的风险，已成为发达国家通过社会化途径解决环境侵权损害赔偿责任和治理环境风险之有效的、重要的金融工具。美国环境责任保险分为"环境损害责任保险"和"自有场地治理责任保险"，前者属于对受害者人身、财产损失的赔偿（私益诉讼），后者属于对土壤治理修复的费用（公益诉讼）。美国实行强制责任保险，其环境责任保险产品丰富、环境保险市场活跃，得益于其全面、严格的环境立法，尤其是 1976 年的《资源保护和赔偿法》（RCRA）和 1980 年的《综合环境反应、赔偿和责任法》（CERCLA）。RCRA 规定危险废弃物处理、贮存和处置设施的所有者和经营者须采取保险、担保债券、自保险（self-insurance）资格等措施；且必须提供证据来证明其有经济能力对经营过程中产生的环境损害进行物质清污，以及赔偿受害者的身体损害和财产损失。CERCLA 则针对历史遗留的土壤污染规定了可追溯的、严格的和连带多方的责任。此外，美国发达的金融市场、丰富的承保经验、翔实的环境损害数据、健全的环境风险评估机制、较强的企业公众环境意识等，均为美国环境责任保险的实施提供了坚实的市场基础和社会基础。在日本，根据不同的环境风险采用不同的环境责任保险，可分为应对土壤污染风险的责任保险、应对非法投弃风险的责任保险和应对加油站漏油污染的责任保险。此外，日本还建立了"公害"损害赔偿制度。

我国由于现行法律对环境污染损害赔偿责任不明确、不严格，环境风险评估方法、污染损害认定和赔偿标准的不完善，对投保企业和保险公司的激励机制缺乏，保险公司自身承保能力不足，以及企业和公众的环保意识不强，导致企业投保的积极性低、保险公司的经营风险也较大。因此应借鉴美国、德国等国际经验，结合我国的实际情况，在保险的模式、险种、费率、评估制度等方面完善我国的环境污染责任保险制度设计，进而有助于环境损害赔偿权利的实现。

第二节　建立合理的土壤污染管理资金筹集方式

一、土壤修复产业遵循的原则

1."谁污染，谁治理"原则

该原则是指对环境造成污染的组织或个人，有责任对其污染源或被污染的环境进行治理。我国土壤修复应建立"污染者付费原则"，明确法律意义上的有关责任主体，明确其对污染土壤损害承担无过错连带责任并具有溯及既往的法律效力，当污染责任主体不明确时，由国家或地方专项资金先行垫付土壤环境整治修复费用，最终由责任方代为法律追偿。

2."谁投资，谁受益"原则

该原则是"受益者付费制度"的一种形式，要求充分利用市场机制，引导和鼓励社会资金投入土壤环境保护和综合治理。其优点主要有：①将预期来源于开发再利用带来的土地增值，作为公共投资的资金来源；②体现公平原则；③遏制了土地受益者投机行为，付费者同时也是监督者。

二、形成合理可行的融资机制

随着我国经济持续快速发展和城市化水平的不断提高，土地资源供需矛盾日益凸显，污染场地的修复与再开发利用涉及的主要利益主体，集中在政府、企业、开发商、当地居民中，各利益主体形成多元化的利益诉求和博弈，从而导致污染土壤修复过程中责任主体不明确、资金保障欠缺、土壤修复产业滞后。为完善我国土壤修复产业环境市场，形成合理的资金投融资机制势在必行。建立多渠道的融资平台和多元化的基金筹集机制，单纯依靠市场调节及政府规则已经不能解决各方面的问题，需要广泛收集社会各方有利资源。因此，土壤修复产业发展应明确责任主体的权利和义务，逐步形成以环境市场机制调节为主导、政府财政资金为引导、鼓励社会资金广泛参与的土壤修复资金的融资机制，才能有效地推动我国土壤修复产业稳步向前。

1. 土壤修复资金的责任主体

在土壤污染修复过程中，各责任主体的利益交错复杂。政府部门、污染企业、开发商、当地居民等多方利益主体的矛盾核心问题，是污染地块修复及再开发过程不仅存在潜在的利益，而且存在土壤污染带来的环境风险。政府部门认为污染场地再开发利用可带动城市经济增长、促进城市就业；同时土壤治理与修复需要大量资金，增加政府开支负担。企业一方面通过土地出让获得资金利益，另一方面，部分污染企业需支付大量排污费，需求通过土地转让开发缓解压力。土地开发商认为污染场地再开发利用可引入经济效益更高的企业，同时也面临承担潜在污染风险的责任。城市居民作为城市环境的直接受益者，对待开发地块的污染状况及土壤环境质量优劣缺乏了解，导致环境信息不对称。目前，我国土壤环境保护和污染治理修复工作逐步推进，相关的法律法规趋于完善，逐步明晰了土壤污染治理与修复、污染场地再开发利用等各责任主体的权利和义务。

2. 土壤修复资金来源分析

由于土壤污染具有隐蔽性、滞后性和复杂性等特点，土壤修复的工程量大、修复资金昂贵、效益不确定性强。因此，协同土壤治理修复过程中各利益方共同参与，逐步形成以环境市场机制调节为主导、政府财政资金为引导、鼓励社会资金广泛合作的融资机制，是合理解决土壤修复资金短缺的有效途径之一。

由于历史原因，我国土壤污染主体大多是各类国有工厂，经过多轮的改制重组，很多工厂产权归属关系已经灭失，"谁污染，谁治理"原则实施难度较大。因此，我国土壤污染治理与修复从根本上讲，首要任务是控制增量，然后再处理存量：对于增量土壤，要严格明确责任主体，严格执行"谁污染，谁治理"原则；对于存量土壤，除政府采用财政拨款方式承担土壤治理修复费用以外，应通过多渠道并举方式筹集资金，如在土地地价持续看涨前提下，商业化运作项目可通过土地储备中心出资修复后，将土地出让给开发商，从而适当提高土地出让金，作为土壤修复治理的资金来源之一。

此外，合理利用环境市场机制筹措土壤修复资金，充分发挥市场调节作用，探索有效的土壤修复资金分配机制，可包括对污染企业征收污染税、对严重排污企业的罚款、当地社区和居民的集资、银行基金利息、银行绿色信贷、发行环保专项债券等融资渠道。总之，我国目前土壤污染治理修复的资金来源渠道比较单一（表9-1），建立多元化多渠道的土壤修复融资机制势在必行。

表 9-1　污染场地治理基金来源

经济责任主体	资源来源渠道
政府	用于环境污染治理和生态建设的财政支出
	政府管理的排污费
	污染地块土地价格上涨带来的收益

经济责任主体	资源来源渠道
污染企业	原污染企业应该尽其所能提供部分治理资金
	若污染由多个工业企业造成，则应追溯其污染责任，并根据污染责任
	提供适当的经济赔偿
开发商	建议开发商与政府、原土地占有者签署合同或协议，作为"受益方"
	开发商应该承担部分或全部的土壤污染治理和修复费用
其他	银行应为污染场地治理修复提供优惠贷款
	国家、省、市污染场地治理的科研单位和工程示范项目的投资捐款

三、建立有效的资金运作模式

我国目前没有形成污染土壤修复的资金投入机制，只是按照"谁污染、谁治理""谁投资、谁受益"的原则，引导和鼓励社会资金参与土壤污染防治，使得社会资本通过工程承包形式或工程 BT 模式参与土地的治理和开发。

在探索建立土壤修复的资金运作模式进程中，重庆以机制创新谋划融资运作，取得明显成效，重庆市对于土壤修复治理的资金运作模式具体思路如下。

（1）探索利用财政与银行信贷两类资金的有机融合。

对用于公益性质用地的修复，可给予一定的财政补助；对经营性质用地的修复，通过协调政策性银行给予优惠贷款。该办法对于地价较低的一般城市筹措土壤修复治理费用具有良好借鉴意义。

（2）探索建立土地环境修复治理国有平台公司，同时具有政府和专业化公司双重背景，便于融资和管理。

（3）探索借鉴地票交易制度，对不能转变用地性质的非城市区域工业污染场地和农村农用地通过治理修复后复垦所取得的地票，通过农村土地交易所得来弥补其修复治理费用。综上所述，可借鉴重庆土壤治理修复的融资运作模式，建立以环境市场基础手段、政府财税政策补贴、社会资本多方参与、符合我国情的资金运作模式，从而推动我国土壤修复产业健康稳步发展。

四、土壤修复盈利模式的实例分析

1. 土壤修复市场融资模式

（1）污染方付费模式

污染方为治理责任人为土壤修复付费为土壤修复的主要原则。对于搬迁企业造成土壤污染的，由企业承担治污责任。"土十条"出台后，更是明确了"谁污染，谁治理"的原则，明确责任由造成土壤污染的单位或个人承担。责任主体发生变更的，由变更后继承其债权、债务的单位或个人承担相关责任；土地使用权依法转让的，由土地使用权受让人或双方约定的责任人承担相关责任。责任主体灭失或责任主体不明确的，由所在地县级人民政府依法承担相关责任。

（2）受益方付费模式

部分具有商业用地价值的土地修复采取受益方付费模式，对修复后土地进行再利用的房地产开发商或地方土地储备部门承担土壤修复费用。该模式对于无法落实污染责任人的一二线城市工厂搬迁地块修复项目中具有普适性。由于城市地价较高，修复后的土地作为商业用地具有较高经济价值，房地产开发商和地方土地储备部分可以直接从修复后的土地使用或流转中获得利润，可行性较高。

受益方付费模式分为两种：①政府直接出让受污染土地给土地开发商，由土地开发商出资负责土壤修复，对修复后达标的土地进行再利用获得收益；②由政府出资负责污染土地修复再将修复后达标的土地出让给土地开发商，有关部门从土地流转中获益。

（3）财政直接出资方式

出于我国土壤修复的实际情况，大量受污染土壤已经无法找到污染责任人而治理土壤污染又缺乏良好的收益机制。许多缺乏收益机制的受污染土地的治理只能依靠政府资金。

（4）财政出资回购方式（BT 模式）

部分金额较大的土地修复采取 BT（建设－转移）模式。该模式下，土壤修复公司通过投标方式取得项目，在建设期先行垫资对污染土地进行修复，项目完成验收后一段时间内政府向企业支付合同款回购修复场地。BT 模式可缓解合同采购方资金压力。

2. 中国土壤修复项目投资状况

（1）土壤修复治理项目

中国土壤修复市场尚处于起步阶段，据统计，我国约 43.75% 土壤修复项目规模较小，集中在 5000 万以下。2 亿以上相对大规模项目比例仅占 18.75%。与美国和欧洲分别已修复 30283 处和 80700 处污染场地项目相比，我国已修复的场地数不超过 200 个，土壤修复市场尚处萌芽阶段，但发展态势良好。

（2）土壤修复项目分布

全国土壤修复类项目主要分布在 11 个省直辖市地区，且主要集中在江浙沪、鄂湘粤地区。两地区项目数量均占比 31.6%，总计占比 63.2%；投资金额分别占比 37.4% 和 58.3%，总计占比达 95.7%。可以看到江浙沪、鄂湘粤仍旧是土壤修复的主力市场。

（3）土壤修复项目类型

全国土壤修复项目仍以污染场地修复为主，其中场地修复占到总量的 78.6%，耕地修复仅占 7.1%。

（4）项目投资主体分析

投资主体为企业的超过半数，达到 68.4%；政府开展的土壤修复项目则占 31.6%。其中企业多以投资开发公司的形式，在地块开发前，组织并开展对退役场地的修复；而政府多以当地环境保护局、土地资源储备中心为主。

3. 土壤修复市场商业模式

（1）招投标模式

招投标模式一般将标的分为场地调查风险评估以及工程修复这两个标的，大型复杂污染场地修复除此之外增加一个技术中试和方案编制阶段。接下来政府向土壤修复企业公开招标，中标企业得以负责标的部分地评估或施工。招投标模式的优势在于整个土壤修复过程中，政府始终作为土地的实际控制人。在竣工验收时，可以对土壤修复效果进行严格把控，保证了土壤修复过程的质量和有效性。然而招投标模式的不足之处在于，土地储备中心从搬迁企业收购土地，对污染场地进行调查、修复治理，完成治理后再进入土地市场，这样一个周期通常会持续数年之久。在这过程中，土壤修复需要地方政府垫支大量资金，对于地方财政产生了巨大的压力，尤其是当一次性出现大批量受污染土地等待治理时，对于地方财政的筹资能力将是巨大的考验。

（2）"修复 + 开发"模式

"修复 + 开发"模式则是土壤修复企业与开发商联合，作为一个整体同时承包污染场地的修复和开发，修复后土地在市场交易中增值部分作为土壤修复企业的收入。与招投标模式相比，"修复 + 开发"模式最大的优点在于引入了市场的资本，土壤修复成本费用由开发商承担，减轻了污染土壤修复对政府财政的负担。然而，不足之处也正是由于埋单者是开发商，目前我国在土壤修复市场尚未形成相应的法律法规、行业准则等硬性制度约束，这就使得开发商有动机将土地修复资金挪作他用，降低土壤修复质量。同时，土壤修复周期较长，对于开发商的风险管理提出较高要求，可能会发生开发商急于追求利润而降低土壤修复标准的时间。

4. 土壤修复项目运作模式

（1）EPC 模式

EPC 模式，即工程总承包模式。地方政府或者污染企业将整个项目承包给治理企业，由治理企业提供从前期调查评估到后期修复工程实施的整体服务。

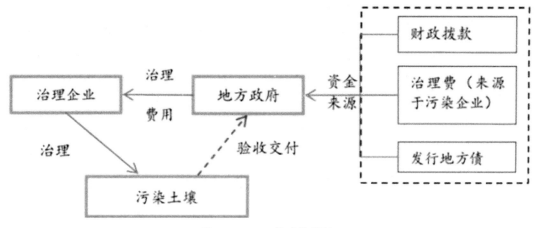

图 9-1 EPC 模式流程图

（2）BOT 模式

BOT 模式，即建设—运营—转让模式。政府将一个污染场地修复项目分成几个标的，针对各个标的展开招标，中标企业成立项目公司，并以此公司为主体进行融资并实施项目。项目修复完成后，公司在特许经营期内经营管理项目，从而获得营业收入。待特许经营期结束，将项目转让给政府。

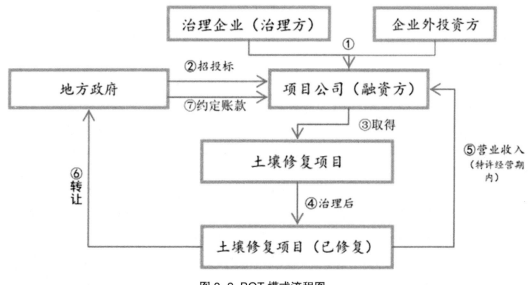

图 9-2 BOT 模式流程图

（3）土壤修复项目 PPP 模式

当前土壤修复项目的资金大多依赖政府财政，融资渠道单一，导致土壤修复产业的资金缺口非常大。采用 PPP 模式进行土壤修复，可以激发社会资本参与兴趣，降低融资难度。同时，社会资本的注入解决了政府资金困难、自有资本金不足等问题，提高了项目融资成功的可能性。

土壤修复 PPP 创新模式："岳塘模式"：集团与政府签订 PPP 或者土地开发协议，上市公司从集团公司手中获取工程项目。

"岳塘模式"：2014年1月，永清集团与湘潭市岳塘区政府签署合作协议，共同出资1亿元组建湘潭竹埠港生态治理投资公司，计划在3~5年内投入95亿元，实现对竹埠港的重金属污染治理与生态开发。土壤修复完成后，土地用途由工业用地转为第三产业开发，参与各方将从治理土地增值收益中获得回报。合同环境服务模式下，由于前期垫资做工程加大了企业的资金需求量，永清环保通过定增融资16亿元，极大地支撑了公司土壤污染治理业务的开展。以"土壤修复＋土地流转"为核心的"岳塘模式"，消除了因污染企业破产关停导致责任主体缺失、治理资金缺乏等难题，充分发挥企业作为市场主体的作用，调动企业在资金投入、技术研发等方面的积极性。

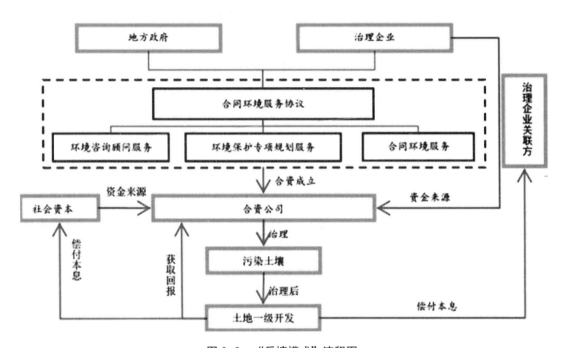

图9-3 "岳塘模式"流程图

与三种不用的土壤修复项目分配方式相比，分别对应着三种不同的盈利模式。BOT项目模式的优势在于解决了资金的来源难题，便于项目融资，土壤修复成本在政府与企业之间分摊；劣势在于项目运行经营时间较长，对土壤修复企业的风险控制额融资能力提出高要求。EPC模式优势在于项目运营周期较短，风险小，企业一次性获得收益；劣势在于项目外包后，修复成本由政府承担，同时资金数额受到限制。"岳塘模式"优势在于充分发挥企业作为市场主体的作用，调动了企业在资金投入、技术研发等方面的积极性，解决了土壤污染治理投入大而少有产出的难题，但是对治理企业规模有一定要求。

5.中国土壤修复行业融资案例

（1）清水塘大湖BT项目

国资背景株洲循环经济投资发展有限责任公司分批出资9725.48万元对项目进行回购。

株洲循环经济投资发展有限责任公司与土壤修复企业签订项目合同，企业先行垫资完成清水塘大湖清淤，污水处理及含大量重金属的底泥处置回填等多项工作，项目完成后采购方分期支付回购款。

（2）长沙市望城区重金属污染耕地修复整区承包服务项目

长沙市望城区农业和林业局出资7958.90万元对长沙市望城区指定区域进行耕地修复。政府部门与企业签订《政府采购合同协议书》，企业按照政府所提要求负责受污染耕地的修复任务。由政府财政为土壤修复工程买单。

（3）苏州溶剂厂原址北区污染场地土壤治理项目

苏州市土地储备中心出资2.590亿对污染土地进行修复。修复场地位于原苏州市沧浪区（现苏州市姑苏区），按照苏州市在主城区对工业企业用地"退二进三"的政策要求，苏州溶剂厂于2007年整体搬迁，该地块由苏州市土地储备中心接管。苏州溶剂厂建厂时间早，长期从事化工产品的生产活动且当时社会对环境保护要求不高，工厂对该地的土壤及地下水产生了一定的污染，需要对污染场地进行修复。治理区域面积25950m²，治理污染土方量约282418m³，总工期为550天。修复费用由苏州市土地储备中心承担。

该盈利模式较为成熟，负责土地修复的机构可以从修复后土地获益，因此可以使用该模式修复的土地有望率先得到治理。但在实际操作中，由土地开发商负责的土壤修复工程可能会出现为了节省成本偷工减料致使修复不达标的情况，对监管提出较高要求。

（4）南化公司搬迁地块土壤治理修复

根据《危险化学品安全管理条例》等有关规定限制，南宁化工集团在2013年收到南宁市政府关于停产搬迁的通知，要求其位于南宁市南建路26号的厂区实施政策性停产，并尽快开始搬迁工作。2016年公司对搬迁地块进行修复，涉及修复的总土方量约663072.5m³，其中股份公司地块约299857.5m³，集团公司地块约363215m³。南宁化工集团有限公司需要承担修复费用近2亿元。

（5）贵溪冶炼厂土壤修复项目

贵溪是一座新兴工业城市，贵溪冶炼厂长期生产排放的"三废"对周边空气、水、土壤等环境造成了污染，严重影响到周边村民的生产生活。2011年，贵溪市环境保护局、中科院南京土壤研究所开始实施九牛岗土壤重金属污染修复示范项目，目标是轻度污染土壤经治理后，能产生一定的经济效益，其中小面积能够安全生产水稻等食用农产品，中度污染土壤修复治理后，能够生长能源植物或其他经济植物，重度污染土壤修复治理后，种植树木使土壤生态功能逐渐恢复。他们采用化学、生物、纳米防治等技术，对贵冶周边土壤采用播撒土壤改良剂，种植能源草、黑麦草等方法，降低土壤重金属含量和活性，改善土壤植物生长环境，恢复土壤生态功能。同时，结合万亩苗木花卉基地建设，采取招商引进龙头企业示范引导、农民土地租赁入股等多种形式，建成苗木基地5000多亩。目前，初步探索出一条能源草产业良性循环的土壤治理新模式，贵冶周边生态环境进入全面恢复阶段。

（6）湘江流域土壤修复项目

湖南省是我国的"有色金属之乡"，该省的有色品种数量多、储量大；其中梯储量世界第一；鹤、秘国内第一；铅、锋、莱储量也处于国内前列。湖南省内重金属采选、冶炼及化工产品制造等工业发达，这也导致了该省的土壤重金属污染严重：湘江流域的莱、镉、铅、砷的排放量均居全国首位。该流域的重金属污染已严重影响到 4000 万人的居住饮食，数千亩土地无法耕种。

2011 年 3 月，国家正式批复了第一个区域性重金属污染治理试点方案《湘江流域重金属污染治理实施方案》。在 2012 年 6 月湖南省人民政府办公厅发布了《〈湘江流域重金属污染治理实施方案〉工作方案（2012—2015 年）》，明确在"十二五"期间将要投资595 亿元、完成污染治理项目 856 个。根据《湘江流域重金属污染治理实施方案（送审稿）》所示：在 2011—2020 年期间历史固废、污染土壤和河道底泥项目的投资分别为 154、84、44 亿。其中，2011—2012 主要为历史固废的治理期。2013—2015 年除了历史固废的治理项目外，受污染的土壤和河道底泥的试点项目逐渐增加，到十三五期间受重金属污染土壤和河道底泥的治理项目将开始放量增长。

从资金来源来看，湘江流域治理的资金主要由四个部分组成，国家支持、省级投入、各市和县投入、企业自筹。其中政府投资占比 67%，企业自筹占比 33%。2013 年开始，治理任务较重的衡阳、柳州和湘潭等市均已通过下属的平台公司发行了湘江流域重金属污染治理公司债券，总计金额 67 亿元。

长滩港 "S" 码头位于长滩港心脏地带，拥有一块 175 英亩的土地。这块土地是 20 世纪 20 年代创建的海土新生地，1930 年 – 1994 年该场地被用来生产石油和天然气，石油开采造成地表沉陷，使得现场的整治水位要低于外面水位。从 1948 年到 1970 年间部分土地被用作油污废弃物的掩埋场，总共埋了大概 32 个废土坑。1994 年长滩港收购了该土地，并自愿进行油污废弃物的清理和土壤修复。

经过对污染场地进行了一系列的实地调查和可行性分析，环境工程师最终决定运用化学稳定方法处理污泥，并将处理过的固化物埋在现址。整治分为两期工程：一、挖掘／存放废土，填土；二、固化废土，铺盖新土和表层不透水路面。通过化学稳定方法整治污泥，并将处理过的固化物就地掩埋，历时 4 年的整治，使 "S" 码头成为了一个可用的海运码头，可以做海港开发。

第三节　建立完善的土壤污染治理基金的管理模式

一、土壤污染防治基金制度概述

1. 土壤污染防治基金的概念及特点

（1）土壤污染防治基金制度的概念

制度是指在系统内部拥有相互影响、相互制约的元素借助一定的规则组成的统一体，从定义上看，一套制度需要有主体、行为规范、实施具体措施构成。从邻近的概念区分上看，土壤污染防治基金制度与污染场地土壤修复基金制度存在差异性，前者不仅是对已经出现污染的土壤进行修复、治理、改良，而且还包括对未污染土壤的防治，避免其遭受污染，属于事前预防、事中与事后治理修复。污染场地土壤修复基金主要是针对已经污染场地的土壤修复治理，属于事后救济的手段。从法律层面对土壤污染防治基金制度的界定，是指将土壤污染防治基金的内容纳入法律的范畴，明确土壤污染防治基金的法律性质、依据、原则、标准等。因此，土壤污染防治基金制度是指土壤污染防治基金的法治化，是通过立法规范对土壤污染防治基金的性质、资金来源、管理主体、适用范围、保值增值、监督管理等方面进行系统化的规定。其目的是确保土壤污染防治基金的运作能够合法化、规范化，发挥土壤污染防治基金的目的与价值。

（2）土壤污染防治基金制度的特点

土壤污染防治基金是具有特定用途的基金，是为了维持土壤功能、修复被污染的土壤、保护土壤环境而筹集、储备的资金。它具有如下特点：

1）土壤污染防治基金制度的设置具有政府主导性

环境具有公共物品的属性，政府作为公共事务管理者，其设立土壤污染防治基金制度的正当性来源于政府的公共职能。土壤污染现象原因多元，不局限于政府行为，但是政府对生产经营企业污染土壤行为的监管不当或者是错误许可行为导致土壤污染后果的发生时，政府无法免除其承担土壤污染治理的责任，因此土壤污染防治基金的设置一般都由政府主导，属于政府性基金。

2）土壤污染防治基金制度的目的具有公益性

环境利益属于公共利益是国际社会上普遍认可的理念，土壤污染防治基金是针对土壤污染而设置的专项基金，其目的是修复被污染的土壤、保护可能会被污染的土壤等，因此其设置的根本目的在于修复或者维持土壤的功能，保护土壤生态，是对土壤生态环境公益的保护。

3）土壤污染防治基金制度的适用范围具有广泛性

土壤污染的源头是多种多样的，如水污染、光污染、有毒有害气体污染等都可能造成土壤污染，相对应的土壤污染防治的手段和途径也是多样的，因此土壤污染防治基金的适用范围也具有广泛性。

2.我国土壤污染防治基金制度现状

（1）相关立法规定

在 2019 年《土壤污染防治法》出台之前，我国对于土壤污染防治的规定主要体现在零散的关于土壤污染防治的规定中，如 2004 年的《土地管理法》、2015 年的《环境保护法》等。首次提出建立土壤污染防治基金制度的是《土壤污染防治法》，其提出对土壤保护需要采用预防为主、保护优先、污染担责的原则，通过针对农用地、建设用地等不同类型的土地建立风险管控制度，在土壤污染防治基金制度规定上，提出由中央设立"专项资金"、省级设立土壤污染防治基金的方式进行土壤污染防治。

表 9-2　土壤保护费用、基金立法规定

年份	法律文件	内容
2004	《土地管理法》	第42条规定对于破坏土地，责任主体缴纳复垦费，作为专项费用用于农业生产。第74条规定占用耕地、破坏植被，土地行政部门责令改正，可以并处罚款
2015	《环境保护法》	第32条提出土壤评估、修复制度。第50条提出财政预算安排资金用于土壤污染防治工作
2019	《土壤污染防治法》	第71条规定建立中央专项资金、省级基金制度，明确专项资金、基金的使用范围。第72条鼓励金融机构对土壤污染修复项目信贷。第74条鼓励社会资本捐赠，对捐赠企业或者个人给予税收优惠

《土壤污染防治法》对基金制度的规定，对于推动我国土壤污染防治工作提供了法律的依据。但是从我国关于土壤污染防治方面的司法案例上看，本文以"土壤污染防治法"作为关键词在聚法案例网中进行案件检索，2019 年一共有 5 起案例裁判是依据《土壤污染防治法》作出，且 2 例为刑事案件，3 例为民事案件，并未有行政诉讼案件，说明当前司法实践对于土壤污染防治方面的法律适用处于探索阶段，关于土壤污染防治基金制度的设立、申请、适用等问题，依然需要理论研究的不断深化。

（2）相关政策规定

在《土壤污染防治法》生效前，我国在环境保护基金制度方面也出台了一系列政策性规定，比如 1988 年国务院颁布《污染源治理专项基金有偿使用暂行办法》，规定污染源治理的专项基金是由政府环保部门设立，采用独立核算的方式进行分级管理。国务院还出台了一系列的土壤污染防治政策，如 2013 年国务院发布的《近期土壤环境保护和综合治理工作安排》中提出对土壤污染场地进行修复治理，并建立示范点。2016 年国务院颁布《土壤污染防治行动计划》中明确提出土壤污染修复的责任主体，并且明确重点防治污染的土壤范围。另外，重庆市、湖北省等地也出台了土壤污染修复的地方性政策，对土壤污染防治的地方政府部门责任、污染企业的责任都予以了规定。在《土壤污染防治法》出台后，财政部联合生态环境部等多个部委出台《土壤污染防治基金管理办法》，对土壤污染防治基金的设立、运行、管理等都进行了规定，明确土壤污染防治基金制度需要按照市场化的运作方式进行管理。

表9-3 《土壤污染防治基金管理办法》对于基金制度的规定

制度要素	集聚内容
基金设立依据	《预算法》《土壤污染防治法》
基金设计原则	公开、公正、安全、效率
基金设立批准机构	省级财政部门或者省级财政部门会同生态环境等部门报本级政府批准设立、并报财政部和生态环境部等部门备案
基金主要涉及领域	①农村建设和种植的土壤污染防治；②土壤污染相关负责人、拥有土地使用权的个体无法确定的潜在风险以及对风险的管控；③《土壤污染防治法》的其他情况
基金运行	全过程绩效管理、评价结果与资金补充、风险补充、薪酬待遇挂钩
基金监督	省级财政部门负责

二、土壤污染防治基金制度的构建

1. 土壤污染防治基金制度必要性

随着环境友好型社会进程的加快，我国的环境矛盾也愈发紧张，当前人民对美好环境生活的需求与日益严重的环境污染形势正成为中国新的社会矛盾，而作为万物生长的土壤，其所遭受的污染使得这一矛盾更加激化。在中国，土地污染已成为一个根深蒂固的问题。根据调查，农业活动已被确定为中国土壤污染的主要来源，其不良影响已被越来越多的人注意到。典型的措施包括过量使用农药、化肥、畜禽粪便和污泥；农用塑料薄膜废渣，而地膜，其中大部分可分为非点源污染；污水灌溉农田；中国是世界上主要的化学农药生产国和最大的化学农药消费国，长期以来，化学农药的过度使用使中国一直受到批评。中国频繁报道的食品安全危机和重金属污染事件加深了中国人民的恐惧。全国土壤污染环境状况总体不容乐观，部分地区土壤污染严重，因此，土壤污染防治已经成为当前政府建设环境友好型社会的关键，而土壤污染防治基金制度就为解决这一关键提供了有效的资金支持机制。

（1）必要性

人民对美好环境生活的需求与日益严重的环境污染是当前我国面临的新的社会矛盾，愈发严重的土壤污染使得这一矛盾更加激化。土壤污染防治已经成为当前政府建设环境友好型社会的关键，而土壤污染防治基金制度则是解决治理资金不足的有效机制。

1）面临的挑战

清洁安全的土壤环境是所有生命体存在发展的物质基础，也是一个国家不断进步必不可少的因素。2014 年公布的《全国土壤污染状况调查公报》表明我国土壤环境现状堪忧，污染类型繁多，部分地区污染严重。严峻的土壤污染形势已经对公众健康安全以及美丽、和谐中国的建设造成一定消极影响。虽然近几年国家对土壤污染防治问题愈加重视，采取了一系列旨在治理土壤环境的法律政策措施，但因土壤污染治理工艺复杂、周期长、资金需求大，加之各地污染类型不同、治理与修复标准存在差异，导致污染防治效果总体并不乐观，至今为止仍有许多污染地块未得到有效治理与修复。当前我国土壤污染防治面临的挑战主要有污染治理与修复难度大、资金供给不足，因土壤污染导致的社会群体性事件的发生也在一定程度上引起了群众的恐慌心理，不利于社会安定。

①土壤污染防治难度大

土壤污染成因复杂，污染途径多样，而且其他环境要素的污染也极易导致土壤污染，啪无形之中加重了土壤污染预防的难度。对于已被污染的土壤，其治理与修复不同于其他环境污染治理工作，如大气污染和水污染在控制住污染源的基础上依靠气体流动和水循环，同时凭借自身的自净能力进行稀释，便可以很好地缓解污染状况，不需要过多的人为修复工作。但土壤污染不同，其既不具有较强的直观性，又因隐蔽性、滞后性等特点极易导致错失防治污染的最佳时机，加之各类污染物的聚集严重影响了其本身的自净能力，因此防治土壤污染必须人为介入。

②土壤污染防治所需资金量大

随着土壤污染防治技术的革新，资金逐渐成为攻克土壤污染防治难关的最大掣肘。土壤污染治理周期长，一般需要 5~10 年，严重者甚至需要十几年。日复一日地治理与修复作业，带来资金的快速消耗，一般企业难以负荷。即使是政府，面对偌大的土壤污染基数、漫长的治理周期，财政拨款于治理与修复所需的资金而言也是杯水车薪。但若因此延误土壤污染治理，不仅浪费土地资源，压缩人类生存空间，更会危及公众安全。为最大实现土地资源的经济价值和生态价值，促进人类社会的可持续发展，一方面需要政府加大资金投入，另一方面要加强社会公众参与力度，吸纳社会资金，共同解决土壤污染防治资金紧张问题。

③因土壤污染发现不及时、防治不到位等导致社会群体性安全事件频繁发生，危及社会安定。

如作为我国著名有色金属之乡的湖南，曾发生多起因土壤重金属污染导致食品安全等群体性安全事件。2013 年湖南攸县 3 家大米厂产出的大米被查出重金属镉含量严重超标，大部分专家学者认为出现镉大米污染事件，根在土壤污染。此外多起儿童血铅超标事件也与土壤污染有关。2016 年发生的常州毒地案在引起热议的同时，也曾引发社会恐慌情绪。有报道称毒地的毒性释放需 100 年之久，土壤污染已经成为公众健康安全的隐患、国家持续健康发展的主要阻碍之一。

2）现有资金制度存在不足

资金不足已经成为当前我国土壤污染防治的最大阻力，即使土壤污染防治技术日益成熟，但缺乏资金支撑，有关防治工作的开展也是举步维艰。因此，充足的资金支持是我国防治土壤污染需首要解决的问题。当前我国已经竣工的土壤污染治理与修复项目大部分是由政府或政府和其他责任主体共同出资完成的，由污染者独立完成治理与修复项目的只占极少部分。政府对环境保护在内的公共事业多以财政专项资金的形式予以支持。

尽管如此，我国现有的土壤污染防治专项资金制度（以下简称"防治专项资金制度"）仍有许多不足，仅依靠该项制度难以满足土壤污染防治的资金需求。

①防治专项资金来源单一，资金总量少

财政专项资金多来源于各类税收和其他行政收费，防治专项资金作为财政专项资金的一种，其资金来源也是如此。尽管当前政府已经意识到土壤污染防治的重要性，也逐渐加强对其扶持力度，但是政府财政还要用于国防建设、科研教育、文化卫生等与人民群众密切相关的其他公共事业，如此一来真正分配用于防治土壤污染的资金便屈指可数。而且防治专项资金由政府严格把控，无法有效运用社会融资机制，资金使用效益差，难以实现良好的保值增值效果。而土壤污染防治基金制度在保证专项资金收入的同时，加强社会公众参与，丰富资金来源渠道，不仅可以缓解政府财政压力，同时也可为土壤污染防治提供充足的备用金。

②使用财政专项资金防治土壤污染一定程度上弱化了污染担责原则

污染担责是土壤污染防治的基本原则，理应贯穿于土壤污染防治的整个阶段。但在实践中，因大多数污染者无力负担全部的治理与修复费用，政府基于环境保护义务，同时为有效利用土地资源，以财政专项资金代替污染者履行治理与修复责任。这一做法有可取之处，但同时也削弱了污染担责原则的适用。虽然污染担责原则在实际中难以完全落实，但不能因此视其为无物，完全忽视该原则。政府为全人类的生存利益考量，采用专项资金治理与修复被污染的土壤，在加重政府财政压力的同时，将污染者的污染成本外化到社会公众身上，这对其他非污染者的社会公众而言是有违公平原则的。而通过建立土壤污染防治基金制度，将污染者所能赔付的治理费用或后续追偿费用作为基金主要来源之一，既是对污染负担原则的贯彻和执行，也是公平正义原则在土壤污染治理领域适用的具体表现。

③现行防治专项资金制度在资金使用方面缺乏一定的可调度性

根据专项资金管理办法规定，该专项资金专用于2016—2020年期间推动落实《土壤污染防治行动计划》（以下简称"土十条"）的有关任务，虽目的明确，但其时限性和指向性的特点使得该制度不具有推广的普遍性。而且专项资金管理办法规定根据因素法暨和项目法原则确定资金分配方案，虽然有一定道理，但将资金使用方向提前固定化，缺乏与之对应的突发土壤污染事件的预警机制，灵活性不足。因土壤污染有时具有突发性或处置上的紧迫性，蚰在不知道土壤污染存在的情况下难以在施工过程中主动采取有效预防保护措施，由此可能会引发出一些安全问题，而专项资金定向使用这一特点必将对及时处理突发事件造成一定影响。而且，防治专项资金的监督、追责机制也不健全，对于骗取、挪用专项资金等违法行为并无可直接适用的法律规范，需参考或援引其他法律条例进行处理，缺乏相应的针对性。另外，笔者发现，实践中绝大部分资金多用于土壤污染调查和相关基础监测能力的建设，只有少部分资金用于实际的重大污染场地的治理与修复项目。而设立中央和地方两级基金制度，不仅可以保障土壤污染防治所需资金的供给，同时便于有针对性地进行防治工作，以大幅度提高土壤污染防治的效率。

（2）可行性

在当前背景下建立土壤污染防治基金制度，不仅是顺应时代发展趋势所为，而且有着良好的环境政策法律基础以及成功地域外经验借鉴。

近年来，土地使用愈发紧张，全国各地兴起了对老城区旧厂房等地开发再利用的热潮，土壤污染情况也因此大规模地显露出来。为有效解决土壤污染问题，国家在攻克污染防治技术难关的同时，也通过出台有关政策法律逐步加大对防治工作的经济支持力度。

2015 年中共中央、国务院发布的《生态文明体制改革总体方案》（以下简称"方案"）融合绿色经济理念，提出结合市场经济，设立各类绿色发展基金，通过经济杠杆治理环境。虽然没有明确提出在环境污染治理领域采用基金制度，但却为解决土壤污染防治资金缺口问题提供了一个新的思路，即通过市场化手段建立并实施土壤污染防治基金制度，加强公众参与力度，吸纳社会资本，全面丰富基金来源渠道以满足土壤污染防治的资金需求。2016 年为贯彻实施方案、推动绿色金融体系建立，中国人民银行、财政部和发改委等又专门发布了《关于构建绿色金融体系的指导意见》，从宏观和微观角度全面解读绿色金融体系。该指导意见提出可由政府单独或政府和社会资本合作设立绿色发展基金，也支持民间资本自行设立绿色投资基金。咄指导意见相较于方案更加详细且具实操性，为在土壤污染防治领域建立基金制度提供了具体思路和方向。

2016 年 5 月出台实施的土十条，对土壤污染防治法律体系的建立和完善具有指导意义，是当前及今后一段时间内土壤污染防治工作的重要行动纲领，表明我国土壤污染防治的大幕正式拉开。土十条明确提出要强化政府主导，加大财政投入，强化对土壤污染防治的支持力度。同时强调发挥市场作用，重视社会力量。同年 7 月，财政部和原环保部制定专项资金管理办法以规范土壤污染防治专项资金管理，提高资金使用效益。2018 年 8 月通过的土壤污染防治法明确规定建立土壤污染防治基金制度。该法历经多次审议，但始终坚持问题导向和目标导向原则，致力于解决土壤污染防治实践中面临的突出问题。资金不足作为影响土壤污染防治工作有序开展的主要阻力之一，也引起了立法者的关注，并在土壤污染防治法中有所回应，从第一次审议到最终通过，该法都保留了土壤污染防治基金制度这一条款，表明了立法者对以基金制度解决土壤污染防治资金短缺问题的认可。但是关于土壤污染防治基金制度的规定过于简单笼统，既未阐明基金来源，也未提及基金的监管，严重影响基金制度的落地实施。为强化土壤污染防治基金制度的可操作性，有效提高污染防治效率，应在土壤污染防治法的指导下，结合我国土壤污染现状和国情，细化该基金制度的具体内容。

2. 土壤污染防治基金种类

环保基金作为一项独立于地方各级政府的全国性基金，《土壤污染防治法》中对土壤污染防治基金的分类做了明确规定，土壤污染防治基金分为两大类：

一类是中央层面的土壤污染防治专项资金，是中央运用财政手段为了提高国家整体的土壤环境质量而设立的专门综合防治土壤污染的资金，预防土壤与其他环境因素间的二次连带风险，保护环境生态的整体和谐。该资金主要为防治面源土壤污染，如果防治基金没有中央财政的综合防治，仅依靠地方治理，各地区容易各自为政，这与土壤环境的整体性格格不入。另一类是省级土壤污染防治基金，是各省按照本省的土壤环境和使用状况、污染程度等情况，基金在各省土壤环境的调查、风险评估和土壤污染防治行动中。省级的土壤污染防治基金针对本辖区内的点源污染进行调查、评估、修复的一系列活动，各省土壤使用情况和污染情况不同，使得省级的土壤防治基金在设立、使用方面应该更有针对性，更灵活。比如在土壤污染责任人无法认定的污染地块土壤修复活动产生的费用，土壤污染风险评估、鉴定费用，受污染土壤修复、开发技术类费用，对受污染者人身、财产损失先行赔偿所支付的费用，对个体及地方政府积极修复土壤污染的补偿或奖励所需费用等。

3. 土壤污染防治基金制度的构建

（1）资金来源

《土壤污染防治法》中规定的土壤污染防治基金其资金不论是中央一级还是省级，应该主要来源于中央和地方两级财政支，如每年的中央和地方政府财政预算、特定税收等，以保证土壤污染防治基金在运行中有充足的资金来源。基金资金来源首先是从政府处获得的财政直接拨款，基金防治的土壤污染主要为找不到责任人或使用权人的土壤，此时政府作为公共利益的最后保护人，必然要为环境、民生承担起自己的责任，也是建立服务型政府的内在要求。

其次为政府或基金组织依据法律向排污者征收的税收或费用，该笔费用总是有针对的责任人，目标明确，主要应该解决费用的征收到位和划归基金之间的对接。最后是基金利息收入和其他有关收入。同时，为了确保基金充足，政府应加大环境税费的征收力度。随着 2018 年颁布的《中华人民共和国环境保护税法》实施以来，环境税收有法可依，也必定更加完善。

经济、环境和社会障碍经常阻碍污染土地的修复和再利用，如果没有国家干预，高修复成本可能会给开发商和投资者带来不可接受的风险。财政和法律激励措施可以作为间接工具，用于刺激污染场地的补救和可持续再开发，就像它们在美国和英国一样。在美国，有许多激励计划可以帮助刺激棕地重建。联邦一级提供补救金，税收减免，贷款和法律赔偿等激励措施。一些州和地方也提供奖励。在英国，按照 1995 年《环境法》第 37（1）（b）

条的规定，环境机构具有一般的法定权力，可以进行任何有利于或附带于履行其职能的操作。原则上，为必要的工作提供的资金可以来自政府赠款、借款或政府贷款，包括环境、粮食和农村事务部（Defra）的财政支助。英国的土壤污染防治体系在世界范围内都是领先一步的，其资金制度也是值得我们借鉴的重要内容。在英国，提供了各种经济和法律激励措施，以鼓励在没有发展前景的情况下清理和再利用污染场地。作为间接管理工具，这些激励措施促进了受污染土地的可持续利用，并减少了英国对绿地的需求。

（2）基金使用条件

关于基金适用条件，《土壤污染防治法》针对何种污染土壤适用已做了规定，只有在以下两种条件下才能够使用：一用于农用地土壤污染防治和土壤污染责任人或者土地使用权人无法认定的土壤污染风险管控和修复以及政府规定的其他事项。二为对本法实施之前已经存在的无法认定责任人的土壤地块，土地使用权人此时就承担了土壤污染风险管控和修复所产生的费用，为了公平起见土地使用权人可以向相关组织申请土壤污染防治基金，进行土壤的管控和修复。

土壤防治基金作为一项公益性制度，其出发点和落脚点都应该是那些解决不了的土壤防治问题，在土壤法中规定的这两种情形显然不能全部包括，比如突发的土壤污染事件，如果按照原本的污染防治活动去解决，造成的污染后果更为严重，为了防止土壤污染后果因得不到及时治理而扩大的危害，此时，土壤污染防治基金可以启动，在责任主体并不明确的时候先进行污染防治工作，事后在进行责任的划分和费用的分摊。

（3）基金制度的监管

为公众和企业提供各种生活、生产废物的收集和处理服务，是有效政府的职责之一。政府的职能是为居民提供基本生活保障，为人们赖以生存的自然环境提供可持续的动力。在没有政府的情况下，没有人愿意承担或接受私人利益以外的费用开支，所有这些公共服务内容都需要政府来实施。由于土壤受污染的特殊性质，土壤监测和预警等污染场地治理的准备工作必须得到政府的技术支持。传统粗放的第二产业的发展导致了严重的土壤污染，严重干扰了居民的正常生产和生活。地方政府环境管理部门要抓好宏观调控，综合决策，集中力量，确保环境监督执法，达到服务型政府的标准。

我国各地区的土壤使用状况复杂，土壤污染情况也各不相同，存在着各自独立的污染问题也存在着交叉的污染问题，加之我国不同区域的经济发展不均衡，土壤污染防治基金如果想切实发挥其在土壤污染修复中的作用，土壤污染防治基金在监管方面就更应该明确规定。这样的统一监管可以有效避免地方政府因为地方保护主义对基金制度的干预和限制，毕竟土壤污染带来的利益有目共睹，尤其在省级交叉污染地块的土壤污染问题，地方政府“自扫门前雪”的思想浓重，使得污染得不到根治；其次是，我国土壤的污染情况复杂，农业用地和建设用地的污染需要的财政支持不同，一些重工业地域的污染防治需要的资金巨大，但是经济又发展不平衡，全国性的土壤污染防治基金的管理势必要向部分污染严重的重工业地域倾斜，为土壤污染重灾区的修复提供资金上的帮助。

　　土壤污染物，特别是那些被归类为环境持久性和生物累积性污染物的土壤污染物，具有在复杂的环境中和土壤接触的能力，它们与人类健康的关系在短期内可能并不明显，但在长期内可能是显著的。因此，土壤污染不仅影响环境和人类健康，而且还影响一系列社会和财政问题。例如，土地利用规划和开发、金融交易和社会经济稳定。尽管中国各地土壤污染严重，但环境保护监管机构必须努力实施或执行监管要求，以有效控制和管理这些问题。可以看出基金制度的建立和具体操作并不是一部土壤污染防治法就可以规定详尽的，必须和财政部会同其他部门制定的基金具体管理办法相结合，围绕上述基本问题予以详细规定，并对土壤污染防治基金实施过程中相配套的制度加以确定，土壤污染防治之路任重道远。

参考文献

[1] 孙大为，张广艳，郑纬民. 大数据流式计算：关键技术及系统实例 [J]. 软件学报，2014，25（4）：839 – 862.

[2] 程学旗，靳小龙，王元卓，等. 大数据系统和分析技术综述 [J]. 软件学报，2014，25（9）：1889 – 1908.

[3] 刘智慧，张泉灵. 大数据技术研究综述 [J]. 浙江大学学报：工学版，2014，48（6）：957 – 972.

[4] 维克托·迈尔 – 舍恩伯格，肯尼思·库克耶. 大数据时代 [M]. 上海：浙江人民出版社，2012.

[5] 谢华生，朱坦. 环境影响评价理论体系的建设 [J]. 农业环境科学学报，2004，23（4）：664 – 667.

[6] 宫学庆，金澈清，王晓玲，等. 数据密集型科学与工程：需求和挑战 [J]. 计算机学报，2012，35（8）.

[7] 黄火笑. 中美环境影响评价制度比较研究 [D] 北京. 中国地质大学，2008：8.

[8] 朱晓晨. 我国环境影响评价制度的完善—以美国环境影响评价制度为借鉴 [D] 青岛. 中国海洋大学，2008：30-31.

[9] 詹姆斯·萨尔兹曼，巴顿·汤普森著. 徐卓然，胡慕云译. 美国环境法（第四版）[M]. 北京：北京大学出版社，2016.

[10] 郑会玲. 浅论我国城市林业发展现状及对策建议 [J]. 农业开发与装备，2019（2）：139.

[11] 邱尔发，王成，贾宝全，等. 国外城市林业发展现状及我国的发展趋势 [J]. 世界林业研究，2007（3）：40-44.

[12] 彭镇华，郄光发. 城市林业是林业建设的新方向 [J]. 林业科学研究，2011，24（6）：677-683.

[13] 郭晓东. 我国城市林业发展现状与建设对策 [J]. 山西林业科技，2018，47（2）：67-68.

[14] 郭喜东. 城市生态环境与园林植保的方向，中国园林，2019（2）：77-81.

[15] 李晓红，刘霞莉. 园林事业的发展呼唤园林工程监理，中国园林，2019（2）：57-58.

[16] 周昕. 昆明市绿地系统规划研究，中国园林，2019（2）：41-43.

[17] 李是平.生态城市意象的建构与传播 [J].中国环境管理干部学院学报 2019，29（01），21-24+54.

[18] 杨奋雄.城市规划中生态城市规划设计探究 [J].建筑工程技术与设计，2014，（23）：7-7.

[19] 于洪东，杨蕾，王宇峰等.城市规划设计中生态城市规划地探讨 [J].黑龙江科技信息，2013，（10）：310.

[20] 钟庆泽.浅议生态化城市规划设计及管理探究 [J].房地产导刊，2014，（28）：12-12.

[21] 罗先礼.关于我国汽车尾气污染状况分析及环保控制对策探讨 [J].环境与发展，2018（4）228+230.

[22] 胡雨霞，芦彬.小型化汽车尾气外置净化装置优化设计研究 [J].大众文艺，2018（3）：91-92.

[23] 檀华梅，张兰怡，邱荣祖，韩燕.汽车尾气污染物测试技术应用研究现状与展望 [J].牡丹江大学学报，2018，27（2）：121-125.

[24] 王晓娟.现代城市噪声污染的现状及防治管理策略 [J].资源节约与环保，2016（06）：297.

[25] 唐向东.环境因素对睡眠的影响 [J].广东医学，2007（01）：6-8.

[26] 张磊.完善《中华人民共和国环境噪声污染防治法》的几点建议 [J].资源节约与环保，2018（04）：36-37.

[27] 陈琪.环境规制、企业环保投资与企业价值 [M].经济科学出版社，北京.

[28] 陈怡秀，胡元林.重污染企业环境行为影响因素实证研究 [J].科技管理研究，2016，36（13）：260-266.

[29] 崔睿，李延勇.企业环境管理与财务绩效相关性研究 [J].山东社会科学，2011（07）：169-171.

[30] 傅京燕，李丽莎.环境规制、要素禀赋与产业国际竞争力的实证研究—基于中国制造业的面板数据 [J].管理世界，2010（10）：87-98+187.

[31] 龚玉荣，沈颂东.环保投资现状及问题的研究 [J].工业技术经济，2002（02）：83-84.

[32] 国家环境保护总局，国家环境保护总局关于建立环境保护投资调查制度的通知，北京.1999.

[33] 国家计委，国务院环保委员会.建设项目环境保护设计规定.北京.1987.

[34] 姜英兵，崔广慧.环保产业政策对环境污染影响效应研究—基于重污染企业环保投资的视角 [J].南方经济，2019（09）：51-68.

[35] 李冰.环境规制、政企关系与企业环保投资 [J].财会通讯，2016（21）：99-102.

[36] 李虹，王瑞珂，许宁宁.管理层能力与企业环保投资关系研究—基于市场竞争与产权性质的调节作用视角 [J].华东经济管理，2017，31（09）：136-143.

[37] 李强，田双双，刘佟.高管政治网络对企业环保投资的影响—考虑政府与市场的作用 [J].

山西财经大学学报，2016，38（03）：90-99.

[38]李月娥，李佩文，董海伦.产权性质、环境规制与企业环保投资 [J].中国地质大学学报(社会科学版)，2018，18（06）：36-49.

[39]刘常青，崔广慧.产权性质、新会计准则实施与企业环保投资—基于重污染行业上市公司的经验研究 [J].财会通讯，2017（06）：20-22.

[40]陆远权，朱小会.政府规制、产能过剩与环境污染—基于我国省级面板数据的实证分析 [J].软科学，2016，30（10）：26-30.

[41]张雨.土壤污染防治基金法律制度的构建 [D].安徽大学，2019.

[42]王旭.我国土壤污染防治基金法律制度研究 [J].河北农机，2019（08）：97－98.

[43]张钰羚.土壤污染防治基金制度研究—基于完善《土壤污染防治法》立法的思考

[44]鄢斌.土壤污染防治立法应引入基金制度 [J].环境经济，2017（19）：54－57.

[45]环境污染损害赔偿责任的承担—以超级基金制度为核心

[46]谢明.公共政策概论 [M].北京：中国人民大学出版社，2014.14.

[47]马克斯·韦伯.经济与社会：第二卷（上册）[M].阎克文译，上海：上海人民出版社，2009：946.

[48]谷春德，杨晓青.法学概论（第四版）[M].北京：中国人民大学出版社，2015.4：23.

[49]曾少军.国家智库：中国能源与环境策略 [M].北京：中国市场出版社，2017.147.

[50]陈柳钦.国外土壤污染防治基金防治制度 [J].前沿，2010（7）.

[51]张海波.大气污染防治问题分析—以权利的成本为视角

[52]张雨.土壤污染防治基金法律制度的构建 [D].安徽大学.2019.

[53]李震宇.我国土壤污染修复基金法律制度研究 [D].山西财经大学，2017.

[54]刘晓霞.我国土壤污染防治的立法构建 [J].黑龙江省政法管理干部学院学报，2017（06）.

[55]高育红.土壤污染基金制度探析 [J].环境报告，2009（7）.